职业教育课程改革与创新系列教材

模具装配与调试

主　编　孟凡萍　滕丽红
副主编　赵娇娜　于万成
参　编　车守贤　王　玲　孙潘罡
　　　　张云生　顾哲荣

机械工业出版社

本书是根据山东省教育厅《模具制造技术专业教学指导方案》要求，并参照国家《模具工》职业资格考核标准和企业生产用模具标准编写的。本书在编写中坚持了"教学内容与企业需求融通、技能训练和岗位技能融通、理论知识与实践操作融通"的原则，便于职业院校开展理实一体化教学。

本书分三个单元：认识模具及模具装配车间、模具测绘与装配、模具安装与调试，包含八个课题：认识模具、认识模具装配车间、单分型面注射模的测绘与装配、双分型面注射模的测绘与装配、单工序模的测绘与装配、倒装式复合模的测绘与装配、典型注射模的安装与调试、典型冲压模的安装与调试。为便于教学，本书配有电子课件，选择本书作为教材的教师可登录 www.cmpedu.com 网站，注册、免费下载。另外，本书的主要知识点还配有二维码，用手机扫一扫便可观看所链接的内容。

本书可作为中职学校、技工学校和高职院校模具专业理实一体化课程用书，也可作为模具工人的培训教材。

图书在版编目（CIP）数据

模具装配与调试/孟凡萍，滕丽红主编. —北京：机械工业出版社，2022.7（2025.2重印）

职业教育课程改革与创新系列教材

ISBN 978-7-111-71476-7

Ⅰ.①模… Ⅱ.①孟… ②滕… Ⅲ.①模具-装配（机械）-中等专业学校-教材②模具-调试方法-中等专业学校-教材 Ⅳ.①TG76

中国版本图书馆 CIP 数据核字（2022）第 154752 号

机械工业出版社（北京市百万庄大街22号 邮政编码100037）
策划编辑：汪光灿   责任编辑：汪光灿 章承林
责任校对：肖 琳 张 薇   封面设计：张 静
责任印制：李 昂
北京捷迅佳彩印刷有限公司印刷
2025年2月第1版第2次印刷
184mm×260mm · 11.25 印张 · 191 千字
标准书号：ISBN 978-7-111-71476-7
定价：37.00元

电话服务 网络服务
客服电话：010-88361066 机 工 官 网：www.cmpbook.com
010-88379833 机 工 官 博：weibo.com/cmp1952
010-68326294 金 书 网：www.golden-book.com
封底无防伪标均为盗版 机工教育服务网：www.cmpedu.com

前 言

近年来,以适应职业岗位需求为导向,加强实践教学,着力促进知识传授与生产实践的紧密衔接,着力培养学生的"职业道德、职业技能和就业创业能力"等观点已经成为职业教育领域的共识。编者按照这一要求,在总结教学经验和企业岗位标准、规范、企业文化和质量管理等基础上,以工学结合的人才培养模式为基础,坚持"必需、够用"的原则,结合行业和企业发展要求,进行了本书的编写。本书主要特点如下:

1) 按照职业技能形成的过程设计单元和课题,课题中提供了学习目标、课题描述、学习准备、相关知识、课题实施、课题评价与鉴定、思考与练习七个部分。

2) 按照相应职业岗位(群)的能力要求,强化理论实践一体化,突出"做中学、做中教"的职业教育教学特色,同时积极进行了"行在先,知在后,知行相资"教学模式在模具装配课程中的应用探索。

3) 本书以学生发展为本,重视培养学生的综合素质和职业能力。理论教学以技能培训为宗旨,在教学环节中注意培养学生的动手能力、分析问题和解决问题的能力。课题实施中不仅关注学生对知识的理解、技能的掌握和能力的提高,更重视规范操作、安全文明生产、职业道德等职业素质的形成,以及节约能源、爱护工具设备、保护环境等意识与观念的树立。

4) 课题评价与鉴定是以总结性评价和过程性评价相结合,定量评价和定性评价相结合,教师评价和学生互评相结合的原则进行的,注重考核与评价方法的多样性和针对性。

5) 本书是以注射模、冲压模为基础,以企业生产用模具为蓝本编写的,可为职业院校师生学习提供便利。

本书的教学总课时为128学时,教学课时分配建议见下表。

项目名称		建议学时
单元一 认识模具及模具装配车间	课题一 认识模具	21
	课题二 认识模具装配车间	11
单元二 模具测绘与装配	课题一 单分型面注射模的测绘与装配	20
	课题二 双分型面注射模的测绘与装配	19
	课题三 单工序模的测绘与装配	20
	课题四 倒装式复合模的测绘与装配	19
单元三 模具安装与调试	课题一 典型注射模的安装与调试	8
	课题二 典型冲压模的安装与调试	10
合　　计		128

　　本书由青岛工贸职业学校孟凡萍、山东省轻工工程学校滕丽红担任主编；青岛工贸职业学校赵娇娜、于万成担任副主编；参加编写的还有青岛工贸职业学校车守贤、王玲、孙潘罡，莱西市姜山镇前山小学张云生，青岛中学顾哲荣。

　　本书在编写过程中得到了深圳市德立天科技有限公司的大力支持，在此表示感谢。

　　由于编者水平有限，书中难免存在错误和不妥之处，敬请读者批评指正。

编　者

二维码索引

序号	名　　称	图形	页码	序号	名　　称	图形	页码
1	视频 2-1 帽盖潜水口单分型面注射模的实践拆装		42	7	视频 2-7 菱形垫片冲孔单工序模在德立天虚拟工厂拆装软件中的装配过程		106
2	视频 2-2 帽盖潜水口单分型面注射模工作过程		49	8	视频 2-8 带孔菱形制件倒装式复合模工作过程		118
3	视频 2-3 帽盖潜水口单分型面注射模在德立天虚拟工厂拆装软件中的装配过程		58	9	视频 2-9 带孔菱形制件倒装式复合模在德立天虚拟工厂拆装软件中的装配过程		125
4	视频 2-4 玩具手机壳双分型面注射模工作过程		72	10	视频 3-1 帽盖潜水口单分型面注射模的安装与调试（仿真注射机操作说明）		139
5	视频 2-5 玩具手机壳双分型面注射模在德立天虚拟工厂拆装软件中的装配过程		81	11	视频 3-2 冲压拉伸仿真机操作说明		153
6	视频 2-6 菱形垫片冲孔单工序模工作过程		98				

目　录

前言
二维码索引
单元一　认识模具及模具装配车间 ································· 1
　课题一　认识模具 ··· 1
　课题二　认识模具装配车间 ·· 18
单元二　模具测绘与装配 ··· 42
　课题一　单分型面注射模的测绘与装配 ······················· 42
　课题二　双分型面注射模的测绘与装配 ······················· 68
　课题三　单工序模的测绘与装配 ································· 92
　课题四　倒装式复合模的测绘与装配 ························· 113
单元三　模具安装与调试 ·· 134
　课题一　典型注射模的安装与调试 ···························· 134
　课题二　典型冲压模的安装与调试 ···························· 150
附录 ·· 161
　附录A　教材用和工厂用模具术语对比 ······················ 161
　附录B　思考与练习参考答案 ··································· 162
参考文献 ·· 172

单元一　认识模具及模具装配车间

课题一　认识模具

【学习目标】

知识目标	1. 掌握模具的生产制造流程及模具是如何生产出制品的 2. 掌握模具的分类 3. 掌握注射模的分类及基本结构 4. 掌握冲压模的分类及基本结构
技能目标	1. 会撰写参观实训报告 2. 能根据塑件或制件正确地对注射模和冲压模进行分类 3. 能识别注射模和冲压模的基本结构
素养目标	1. 培养学生学习模具的兴趣 2. 具有人际交往和团队协作的能力

【课题描述】

　　模具是利用其特定形状去成形具有一定形状和尺寸制品的工具。模具进行批量生产生产出的制件不但具有优质、高产、低耗的特点，而且具有较高的精度和复杂程度，所以模具在国民经济各工业生产部门中占有重要的地位。模具广泛应用于机械、电子、汽车、航空、航天、交通、医疗、军工等制造领域，素有"工业之母"的称号。模具工业水平已经成为衡量一个国家制造业水平高低的重要标志，也是一个国家的工业产品保持国际竞争力的重要保证之一。

　　模具结构认知、模具工作原理及成形过程的认知、模具装配与调试的认知是模具专业课中的重要内容。通过模具认知与测绘综合实训可以有效地达成上述三方面重要内容的学习。模具认知与测绘综合实训由学生亲自动手操作，真实感强，交互性好,优于其他教学模式,同时课上所能达到的技能也是模具制造岗位必须掌握的基本技能。模具认知与测绘综合实训内容包括模具装配及调试、测量技能、模具建模及绘图技能,该实训是模具专业知识学习过程中的重要环节,对模具专业课程的学习效果起关键性作用,是模具专业建设的重点课程。

本课题通过参观模具企业(模具厂、塑料制品厂及冲压制品厂)及模具认知与测绘综合实训室,了解模具的生产流程及模具是如何生产出制品的,继而认识注射模和冲压模这两种应用最广泛的模具,分别从模具所能加工的材料、所能生产出的制品、分类及结构,多角度认识这两种模具,为学习本课程做好铺垫。

【学习准备】

完成该课题需要准备的实训物品清单见表1-1。

表1-1 实训物品清单

序号	实训资源	种类	数量	备注
1	模具厂	模具厂	1家	
2	塑料制品厂	塑料制品厂	1家	
3	冲压制品厂	冲压制品厂	1家	
4	实训教室	模具认知与测绘综合实训室	1间	
5	注射模	单分型面注射模实物模型	1副/组	帽盖潜水口单分型面注射模实物模型
6	冲压模	单工序冲压模实物模型	1副/组	冲孔单工序冲压模实物模型

【相关知识】

以材料在模具内成形的特点来进行分类,模具可分为若干类,如图1-1所示。实际生产中塑料模和冲压模应用广泛。本书重点介绍塑料模中注射模和冲压模的测绘、装配、安装与调试。

1. 注射模的分类

注射模结构形式多样,分类方法很多。

按注射成型工艺特点,注射模可分为热塑性塑料注射模、热固性塑料注射模、

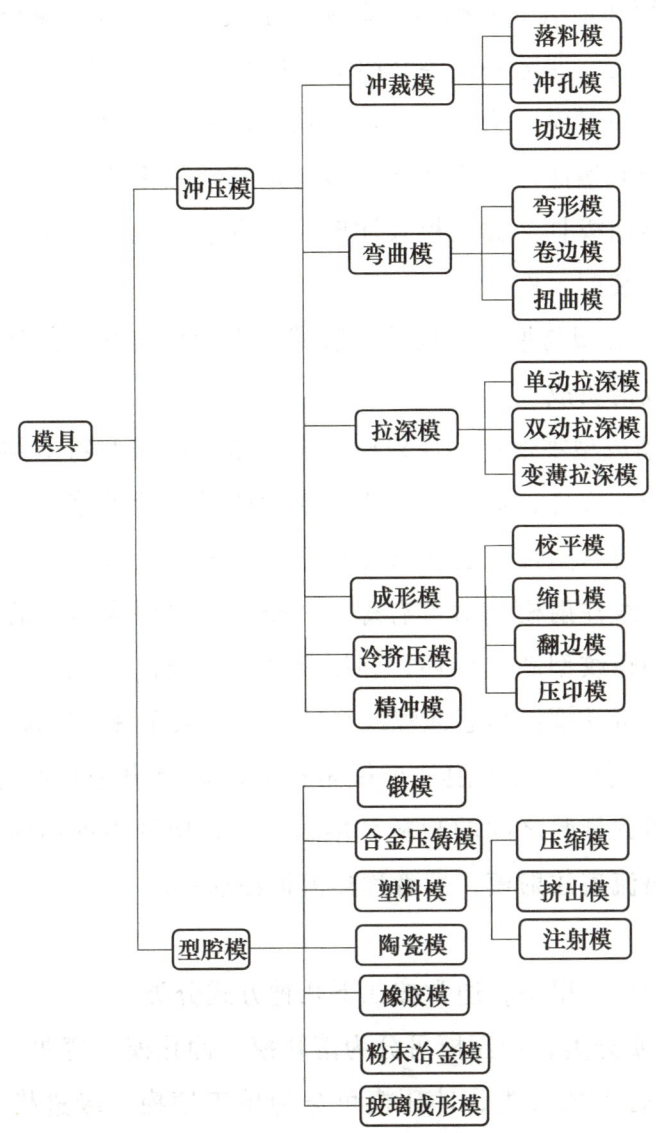

图 1-1　模具的分类

低发泡塑料注射模和精密注射模等。

　　按所使用的注射机类型不同，注射模可分为卧式注射模、立式注射模和角式注射模。

　　按其在注射机上的安装方式，注射模可分为固定式注射模和移动式注射模。所谓固定式注射模是指动模、定模分别固定在注射机上；而移动式注射模则在注射成型后，将模具移出机外脱模取出塑件，它仅适用于立式注射机。

　　按模具成型数目，注射模可分为单型腔注射模和多型腔注射模。

按模具总体结构特征，注射模可分为以下几种。

（1）单分型面注射模　开模时，动模与定模分开，从而取出塑件，又称双板式注射模。本书单元二课题一主要介绍单分型面注射模的测绘与装配示例。

（2）双分型面注射模　为了取出浇注系统凝料，增设了活动浇口板，开模时除动、定模板分开取塑件外，活动浇口板与定模板做定距分离，以便取出浇注系统凝料，故双分型面模具又称三板式注射模。本书单元二课题二主要介绍双分型面注射模的测绘与装配示例。

（3）带有侧向分型与抽芯机构的注射模　当塑件有侧孔或侧凹时，需采用可侧向移动的型芯或滑块成型。

（4）带有活动成型零部件的注射模　由于塑件的某些特殊结构，要求注射模设置可活动的成型零部件，如活动凸模、活动凹模、活动镶块、活动螺纹型芯或型环等，在脱模时可与塑件一起移出模外，然后与塑件分离。

（5）自动卸螺纹注射模　对带有螺纹的塑件，当要求自动脱模时，可在模具上设置能够转动的螺纹型芯或型环，利用开模动作或注射机的旋转机构，或设置专门的传动装置，带动螺纹型芯或螺纹型环转动，从而脱出塑件。

（6）无流道注射模　无流道注射模是指采用对流道进行绝热或加热的方法，保持从注射机喷嘴到型腔之间的塑料呈熔融状态，使开模取出塑件时无浇注系统凝料。前者称绝热流道注射模，后者称热流道注射模。

2. 冲压模的分类

冲压模的结构形式很多，通常按如下几种方式分类。

1）按工序性质分类，冲压模可分为落料模、冲孔模、弯曲模、拉深模等。

2）按工序组合方式分类，冲压模可分为单工序模、级进模和复合模三种基本组合结构形式。

单工序模俗称简单模，即在压力机的一次行程中只能完成一道工序的模具，如冲孔、落料、弯曲、拉深等。它可以由一个凸模和一个凹模组成，也可由多个凸模和凹模孔口组成。本书单元二课题三主要介绍单工序模的测绘与装配示例。

级进模（俗称连续模，也称跳步模），即在压力机一次行程中，在模具的不同位置上同时完成数道冲压工序的模具。级进模所完成的同一零件的不同冲压工序是按一定顺序相隔一定步距排列在模具的送料方向上的，压力机一次行程得到一个或数个冲压件。

复合模,即在压力机的一次行程中,在一副模具同一位置上完成数道冲压工序的模具。压力机一次行程一般得到一个冲压件。本书单元二课题四主要介绍倒装式复合模的测绘与装配示例。

3) 按上、下模的导向方式分类,冲压模可分为无导向的敞开模、有导向的导板模、导柱模。

4) 按凸模、凹模的材料分类,冲压模可分为硬质合金冲压模、钢皮冲压模、锌基合金冲压模、聚氨酯冲压模等。

5) 按凸模、凹模的结构和布置方法分类,冲压模可分为整体模和镶拼模,以及正装模和倒装模。

6) 按自动化程度分类,冲压模可分为手工操作模、半自动模和自动模。

冲压模分类的方法还有很多,上述的各种分类方法从不同的角度反映了模具结构的不同特点;同时,一副模具可能兼有上述几种特征,如导柱模、复合模、手动模等。

【课题实施】

该课题的实施可参考表1-2中的流程完成。

表1-2 课题实施流程

序号	课题流程	学时分配
1	参观模具制造车间	4
2	参观塑料制品厂	4
3	参观冲压制品厂	4
4	参观模具认知与测绘综合实训室	4
5	认知注射模	2
6	认知冲压模	2
7	课题评价与鉴定	1
	小计	21

一、参观模具企业及模具综合实训室

1. 模具生产流程

一套模具是怎么生产出来的呢?首先应了解模具生产流程,如图1-2所示。本书着重讲述模具装配和调试这两个方面的内容。

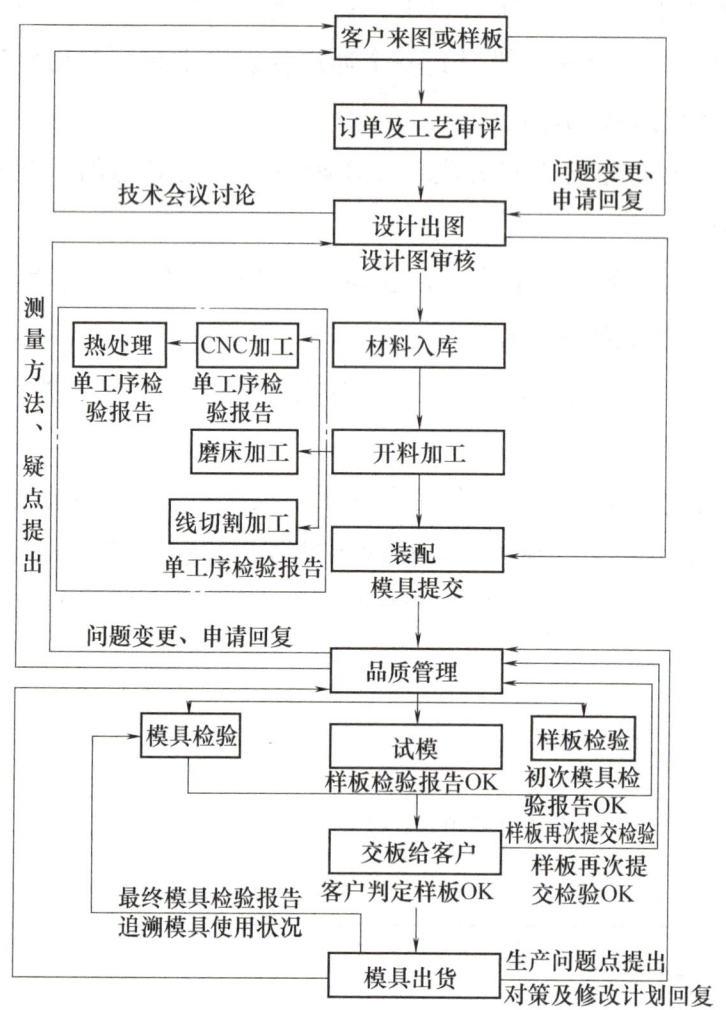

图 1-2　模具生产流程

2. 参观模具制造车间、塑料制品厂及冲压制品厂

在了解了模具生产流程后，据此实地参观模具制造车间、塑料制品厂及冲压制品厂。工厂车间及设备示例图如图 1-3~图 1-9 所示。

a)

b)

图 1-3　CNC 加工中心

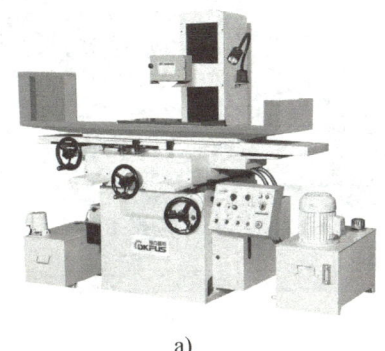 

a)　　　　　　　　　　　　　　b)

图 1-4　磨床

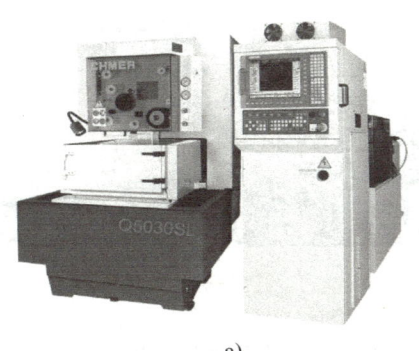 

a)　　　　　　　　　　　　　　b)

图 1-5　电火花加工机床

 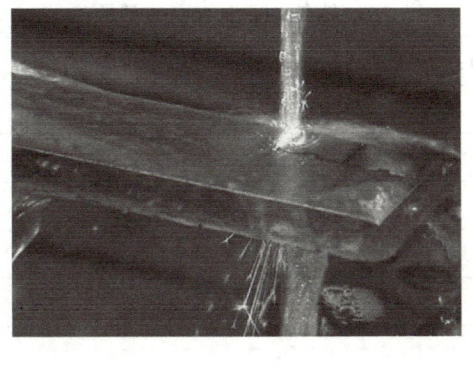

a)　　　　　　　　　　　　　　b)

图 1-6　线切割加工机床

a)　　　　　　　　　　　　　　　　b)

图 1-7　模具装配车间

图 1-8　冲压车间　　　　　　　　　图 1-9　注射车间

参观完模具车间、塑料制品厂及冲压制品厂后，请撰写一份模具企业参观实习报告，见表 1-3，可加附页。

表 1-3　模具企业参观实习报告

模具企业参观实习报告			
班级：	姓名：	学号：	指导教师：
实训目的：			

实训内容：

（可加附页）

3. 模具认知与测绘综合实训室

参观模具认知与测绘综合实训室，其模拟图如图 1-10 所示，并完成表 1-4。

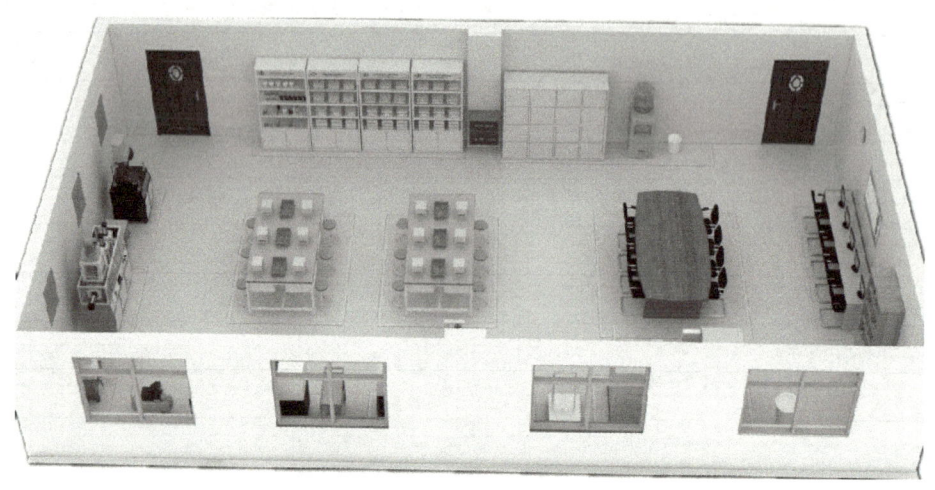

图 1-10　模具认知与测绘综合实训室模拟图

表 1-4　模具认知与测绘综合实训室设备统计表

序号	设备名称	数量	型号规格
1			
2			
3			
4			
5			
6			
7			
8			
9			
10			
11			
12			（可加附页）

二、认识常见模具

1. 注射模

塑料注射模主要用于热塑性塑料制品的成型，也已成功地用于成型某些热固性塑料制品，它是塑料制品生产中十分重要的工艺装置。注射模示例如图 1-11 所示。塑料制品示例如图 1-12 所示。注射模所能加工的材料有颗粒状塑料（图 1-13）、粉末状塑料（图 1-14）、溶液、分散体等。常用注射设备为注射机。

图 1-11　注射模示例

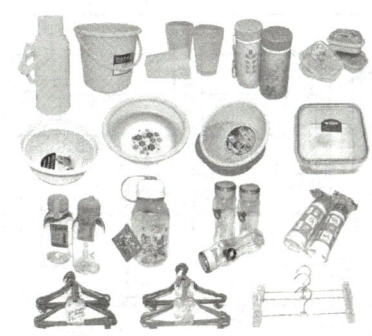

图 1-12　塑料制品示例

图 1-13　颗粒状塑料

图 1-14　粉末状塑料

注射模的结构是由塑料制品结构、注射机种类与规格所决定的。塑料制品结构根据用途不同千变万化，注射机的种类和规格又有很多，从而导致注射模的结构形式也十分繁多。不管其结构如何变化，总有规律可循。本书单元二课题一和课题二主要介绍注射模的模具结构、装配与测绘。

注射模的结构组成如图 1-15 所示。注射模均可分为定模和动模两大部分，定模安装在注射机的固定模板上，动模安装在注射机移动模板上。注射前动模与定模闭合构成型腔和浇注系统。开模时，动模与定模分离，由脱模机构推出制品。

在开模时，模具上用于取出塑件和（或）浇注系统凝料的可分离接触表面称为分型面。

根据塑件材料性能、结构形状和工艺条件等要求，有些注射模还设有侧向分型与抽芯机构及排气结构等。按各部件的作用不同，注射模可由以下几个部分组成。

（1）成型零部件　通常由凸模（或型芯）、凹模、镶件等组成，合模时构成型腔，用于填充塑料，它决定塑件的形状和尺寸，如图1-15所示型芯12成型塑件内部形状，型腔13成型塑件外部形状。

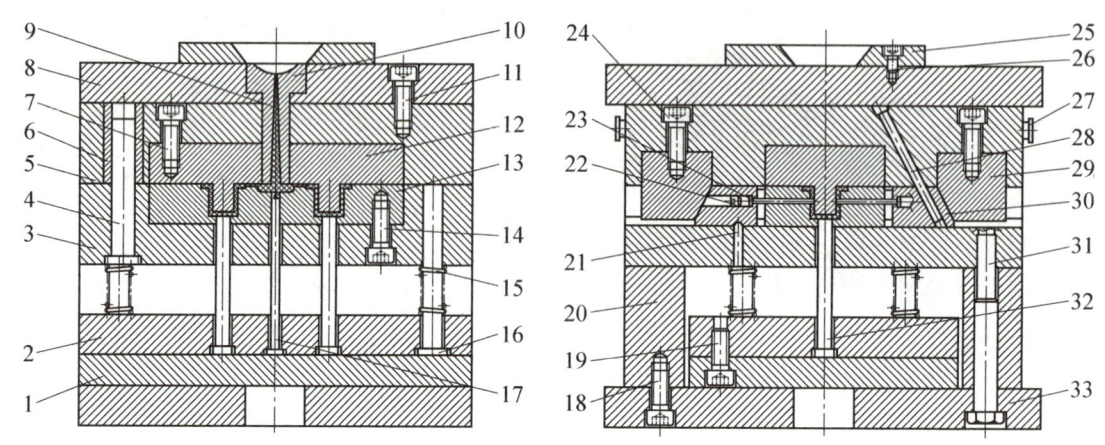

图1-15　注射模结构组成

1—推板　2—推杆固定板　3—动模板　4—导柱　5—定模板　6—导套　7—型芯螺钉　8—定模座板
9—产品零件　10—浇口套　11—定模座板螺钉　12—型芯　13—型腔　14—型腔螺钉　15—弹簧
16—复位杆　17—拉料杆　18—动模座板螺钉　19—推板螺钉　20—模脚　21—限位销　22—无头螺钉
23—成型杆　24—锁紧块螺钉　25—定位圈　26—定位圈螺钉　27—快速接头　28—斜导柱
29—锁紧块　30—滑块　31—模脚螺钉　32—推杆　33—动模座板

（2）浇注系统　将熔融塑料由注射机喷嘴引向型腔的流道称为浇注系统。它由主流道、分流道、浇口、冷料穴等组成。

（3）导向机构　通常由导柱（图1-15所示件4）和导套（图1-15所示件6或导向孔）组成。它用于确定动模与定模合模时的相对位置。为避免推出过程中推出板歪斜，有的注射机推出机构也设置了导向机构。

（4）推出机构（又称脱模机构）　用于开模时将塑件从模具中脱出的装置，其结构形式很多，常见的有推杆脱模机构、推板脱模机构和推管脱模机构等。图1-15所示结构中，件1、2、15、16、17、19、32组成推板脱模机构。

（5）侧向分型或侧向抽芯机构　如图1-15所示，带有侧凹或侧孔的塑件在成型后开模被推出前，必须先进行侧向分型或抽出型芯，为此设置了侧向分型或抽芯机构（由件23、22、21、28、29、30组成）。

（6）温度调节系统　为满足注射成型工艺对模具温度的要求，注射模设有冷却系统或加热系统。冷却系统一般在型腔或型芯周围开设冷却水道，加热装置则在模具内部或周围安装加热元件。

（7）排气结构　为了在注射过程中排除型腔中的空气和成型过程中产生的气

体，常在分型面上开设排气槽，或利用型芯或推杆与模板间的间隙排气，当排气量不大时，也可以仅利用分型面排气。

2. 冲压模

如图 1-16 所示，冲压模又称冲模、五金模等，是指在常温下装在各种压力机上，使材料（金属或非金属）发生断裂分离或塑性变形，加工成零件（或半成品）的一种特殊工艺装备。冲压制品示例如图 1-17 所示。冲压模所能加工的材料形态为板材、带材、管材和型材等，如图 1-18～图 1-21 所示。常用冲压设备为压力机和剪板机。

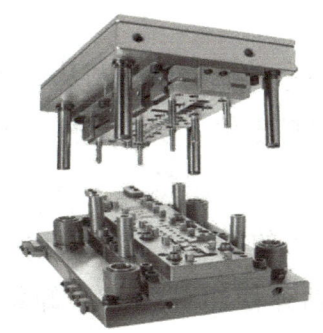

图 1-16　冲压模

图 1-17　冲压制品

图 1-18　板材

图 1-19　带材

图 1-20　管材

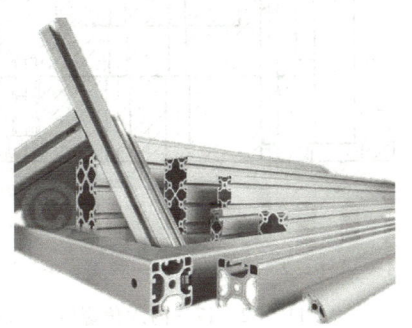

图 1-21　型材

冲压模一般在立式压力机上工作，因此按其在压力机上的安装位置，一副模具结构可以分为上模和下模两大部分。上模是指模具固定在滑块上的部分，下模是指模具固定在工作台上的部分。

冲压模是由工作零件、定位零件、退料零件和模架零件四大部分零件组成的。

（1）工作零件　工作零件是直接对毛坯施压，使之发生分离或变形而得到所需形状和尺寸的模具零件，包括凸模、凹模、凸凹模。冲孔模的工作零件由冲孔凸模8、凹模15组成，如图1-22所示。

（2）定位零件　定位零件是保证板料（或毛坯）在冲裁模中具有准确位置的零件，包括挡料销、导尺、侧刃、导正销等。

（3）退料零件　退料零件是保证材料（或毛坯）冲压后能顺利从工作零件上退出，以便下一次冲裁能顺利进行的零件，包括卸料零件、顶料零件、推件零件和缓冲零件。

1）卸料零件。卸料零件是将材料从凸模上卸下的零件，包括刚性卸料装置和弹性卸料装置。卸料板就是弹性卸料装置，包括弹性卸料板13、卸料螺钉6，如图1-22所示。

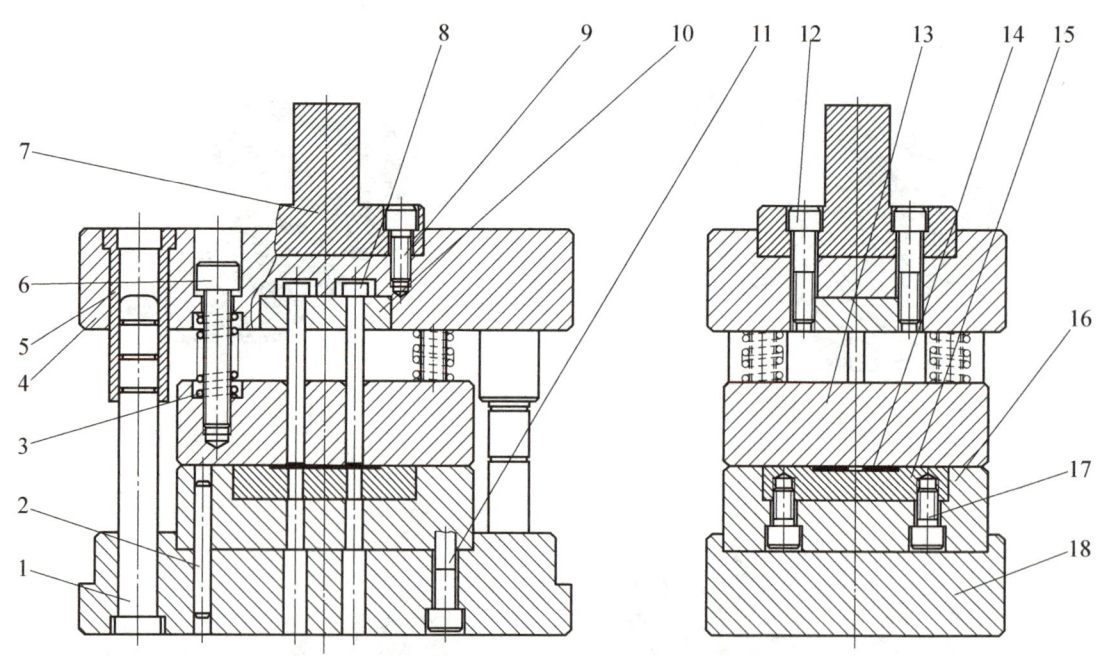

图1-22　冲孔模装配结构示意图

1—导柱　2—定位销　3—弹簧　4—上模板　5—导套　6—卸料螺钉　7—模柄　8—冲孔凸模
9、11、12、17—内六角螺钉　10—冲孔凸模垫块　13—弹性卸料板　14—产品制件
15—凹模　16—凹模固定板　18—下模板

2）顶料零件。顶料零件是将材料由凹模内逆着冲压方向顶出的零件，也包括弹性顶料装置和刚性顶料装置两种，主要零件有顶件板等。

3）推件零件。推件零件是将材料由凹模内顺着冲压方向推出的零件。正装模中推件由凸模直接完成，无须另外的推件零件；在倒装模中，由于凹模在上模，推件零件由推杆、推板等零件组成。

4）缓冲零件。缓冲零件在冲压模中既起压料作用，又起卸料和顶料作用，包括弹簧、橡皮、气垫和顶杆等零件。如图1-22所示，弹簧3即属于缓冲零件。

（4）模架零件 模架零件包括模具的导向零件、支承零件和紧固零件。

1）导向零件。导向零件是保证上、下模正确运动，不至于使上、下模位置产生偏移的零件，包括导柱、导套和导板。如图1-22所示，导柱1、导套5就是这类零件。

2）支承零件。支承零件是连接和固定工作零件，使之成为完整模具的零件，包括模板、垫板、固定板、模柄等零件。如图1-22所示，模柄7、上模板4、下模板18、冲孔凸模垫块10、凹模固定板16都属这类零件。

3）紧固零件。紧固零件是将各类零件连接和紧固为一体的零件，包括各种螺钉、销钉。如图1-22所示，内六角螺钉9、11、12、17，定位销2就是这类零件。

【课题评价与鉴定】

1. 课题评价

评价等级分为A（90~100分）、B（80~89分）、C（70~79分）、D（60~69分）、E（0~59分）五个等级。综合评价表见表1-5。

表1-5 综合评价表

姓名				评定等级		总分			
课题	序号	评价内容	评价标准		配分	小组互评50%	教师评价50%	单项总分
认识模具	1	参观模具制造车间、塑料制品厂和冲压制品厂(30分)	撰写一份参观实习报告		30分			
	2	参观模具认知与测绘综合实训室(20分)	填写"模具认知与测绘综合实训室设备统计表"		20分			
	3	认知注射模(20分)	分组对照实训室模具进行讲解注射模的分类及结构组成		20分			

(续)

课题	序号	评价内容	评价标准	配分	小组互评50%	教师评价50%	单项总分
认识模具	4	认知冲压模(20分)	分组对照实训室模具进行讲解冲压模的分类及结构组成	20分			
	5	纪律(4分)	不迟到、不早退、不旷课	2分			
			服从安排,遵守安全操作规程	2分			
	6	小组合作(6分)	成员之间交流、沟通、合作效果好	6分			

2. 课题学习情况鉴定

学习情况鉴定表详见表1-6。

表1-6　学习情况鉴定表

自我鉴定	本课题同学们有哪些收获？ 学生签名： 　　年　　月　　日
指导教师鉴定	 指导教师签名： 　　年　　月　　日

【思考与练习】

一、填空题

1. 按注射成型工艺特点，注射模可分为_____、_____、_____和_____等。

2. 按模具成型数目，注射模可分为_____注射模和_____注射模。

3. 注射模均可分为_____和_____两大部分。

4. 浇注系统由_____、_____、_____、_____等组成。

5. 推出机构又称_____，常见的有_____、_____和_____等。

6. 按工序性质分类，冲压模可分为_____、_____、_____、_____等。

7. 导向零件包括_____、_____和_____。

8. 在压力机的一次行程中，在一副模具同一位置上完成数道冲压工序的模具，称为_____。

二、判断题

1. 定模安装在注射机的固定模板上，动模安装在注射机移动模板上。（   ）
2. 导向机构用于确定动模与定模合模时的相对位置。（   ）
3. 冲压模按工序组合方式可分为单工序模、级进模和复合模三种基本组合结构形式。（   ）
4. 定位零件是保证板料（或毛坯）在冲裁模中具有准确位置的零件，不包括挡料销。（   ）
5. 紧固零件包括各种螺钉、销钉。（   ）
6. 缓冲零件在冲压模中只起压料作用。（   ）
7. 级进模是指在压力机的一次行程中，在一副模具同一位置上完成数道冲压工序的模具。（   ）
8. 复合模在压力机一次行程中一般得到一个冲压件。（   ）

三、简答题

1. 什么是冲压模？
2. 简述级进模与复合模的区别。

3. 冲压模由哪几部分组成？

课题二　认识模具装配车间

【学习目标】

知识目标	1. 掌握模具装配车间安全操作规程 2. 掌握模具日常维护的要点 3. 掌握模具拆装、测绘及调试常用工量具的特点和使用方法 4. 掌握分组实施模具拆卸原则及方法
技能目标	1. 会正确执行模具装配车间安全操作规程 2. 能正确地对模具进行日常维护和保养 3. 能正确使用模具拆装、测绘及调试常用工量具 4. 会对模具进行正确的拆卸 5. 会使用虚拟工厂软件（或其他拆装软件）
素养目标	1. 具有安全文明生产和遵守操作规程的意识 2. 具有人际交往和团队协作的能力

【课题描述】

对于车间现场来说，安全文明生产为重中之重。保障工人和设备的安全，防止工伤及设备事故是企业正常运转、搞好企业经营管理的内容之一。对于新员工，进入企业必须熟悉安全文明生产要求，这是入职培训的重要考核之一。因为安全文明生产直接影响到人身安全、产品质量和经济效益，影响机床设备、夹具、工量具等的使用寿命及生产工人技术水平的正常发挥。学生在校实训实习期间就应重视安全文明生产，养成良好的安全文明生产习惯，为今后在企业顶岗入职打下良好的基础。

本课题主要介绍模具装配车间，学习模具装配车间安全文明生产规程及相关内容。

【学习准备】

完成该课题需要准备的实训物品清单见表1-7。

表 1-7　实训物品清单

序号	实训资源	种类	数量	备注
1	模具	注射模	1 副/组	
		冲压模	1 副/组	
2	拆装与测绘平台	拆装与测绘平台	1 张/组	带台虎钳
3	资源库柜子	注射模常用标准件	标配	参考车间实际配备情况
		冲压模常用标准件		
4	劳动防护用品	防护眼镜、防护工作服	1 套/人	
5	工量具陈列	手工绘图工具包	1 套/人	包括图板、绘图铅笔、丁字尺、三角板、圆规、橡皮等
		常用量具	1 套/组	包括游标卡尺、外径千分尺、内径千分尺等
6	材料陈列	钢材陈列（铝料、不锈钢、铜合金等）	1 套/组	学校模具认知与测绘综合实训室配备，模具工厂有专门的存料区
		工程塑料陈列（PC、ABS、PE、PP 等）	1 套/组	
7	辅助软件	虚拟工厂软件（或其他拆装软件）	1 套/人	学校模具认知与测绘综合实训室配备

【相关知识】

一、模具装配车间安全操作规程细则

1. 模具装配车间基本操作规程

1）保持通道顺畅，通道内不得摆放其他无关物品，地面不得有垃圾、纸屑、零部件、油污、积尘。

2）随时整理车间中的物品，将模具摆放在合理的区域中，并做好相应的标识。

3）工作台面要保持整齐、干净，私人物品放在指定位置，拆装工具、模具模型、相关材料等整齐放在固定位置，发现残件、废件及时放在指定位置并做好记录。

4）实验前要对各设备进行保养，加油部位要按设备说明进行，严禁出现设备无油、损伤设备等情况进行工作。

5）如设备需要通电使用时，工作前要检查各电器开关，操作按钮是否安全灵敏正常，通电是否顺畅，开机后是否正常运转，严禁设备带病工作。工作完成后，必须及时关闭按钮，关闭电源，确保停机状态。

6）如设备在通电工作过程中发生故障，应立即停机切断电源，及时汇报相关老师或维修人员，检修过程中必须在断电开关及相应部位悬挂警告提示标牌。

7）依规定行事，遵守规章制度，形成积极向上、文明作业的工作习惯和团队精神。

8）管理上规定正确作业流程，配置适当的工作人员监督指示功能，对不合安全规定的因素和事故隐患及时消除，加强作业人员安全意识教育，签订安全责任书。

9）工作完成后必须关闭电源，保养设备，清理好工作现场。整齐存放产品，确保道路畅通，做好车间文明操作。

10）在车间内严禁利用工具、量具以及模型进行玩耍打闹。

2. 拆装过程中注意事项

1）对模具模型搬运时要轻拿轻放，双手托拿模具，平稳搬运（一手扶上模，另一手托下模），搬运上/下模（或动/定模）需在合模状态进行，不得乱抬乱搬。

2）将模具正确放置在合理位置，不得乱摆乱放。

3）将所需工具、量具等所需物品进行归类，摆放整齐。保存好所需物品，定期处置非必需品，节约有效空间，将所需物品准确标识，填好记录表。

4）对工具、量具、模具等定期进行维护、点检和保养，保证物品的品质和效率。

5）在拆装模具前，要检查各类工具、量具等是否准确正常，产品工艺图样是否正确，严格按照相应的要求和操作规程进行拆装和测量。

6）在拆装模具前，应了解模具的工作性能、基本结构及各部分的重要性，熟练掌握模具结构及拆装步骤，按次序拆装，以防损伤模具，损伤自身，造成安全事故。

7）利用锤子敲打模具时，握紧锤子，对角顺次敲打，注意保护模具，使其受力均匀，切不可盲目用力敲打，严谨用铁锤直接敲打模具零件。

8）不可拆卸的零件和不宜直接拆卸的零件不要强行拆卸。

9）在使用扳手时，必须与螺母大小相符，否则会打滑，发生危险。

10）在使用扳手时，扳手紧螺栓时不可用力过猛，松螺栓时应慢慢用力旋松，注意可能碰到的障碍物，防止碰伤手部。

11）在使用扳手时，应对角顺次拧紧或拧松螺栓，同时取下或安装螺栓，以确保模具受力均匀，以防损伤模具。

12）在拆卸过程中，将所拆卸的各部件整齐正确地放置在合理位置，按顺序摆放在一起，不要乱丢乱放，注意放稳放好，并做好记录。

13）在拆装过程中，工作地点要经常保持清洁，通道内不准放置零部件或者工具、量具。

14）拆装模具的弹性零件时，应防止零件突然弹出伤人。

15）传递物件要小心，不得随意投掷，以免伤及他人，造成安全事故。

16）不得用拆装工具玩耍、打闹，以免伤人，造成安全事故。

17）在拆装过程中特别注意操作安全，避免损坏模具各器械。对已损坏部件要及时报告报修更换，做好清单记录。

18）拆装遇到其他困难时先分析原因，并请教指导老师。

19）实训结束按工具清单清理，将工具、量具、模具模型摆放整齐。

20）实训结束后，认真清理车间卫生，做到整洁干净，做好记录。

二、模具日常维护

1. 模具的维护要点

1）使用前检查模具的完好情况。

2）使用时要保持正常温度，不可忽冷忽热，常温工作可延长模具使用寿命。

3）交接班时，要通报上一班生产情况，使下一班操作人员及时全面了解模具使用状态。

4）工作中认真观察各控制部件的工作状态，严防辅助系统发生异常。

5）当开闭模具有异常声音时，不可强行开启或合模，要查找其原因，排除故障后再工作，以免有断裂零件，损伤模具。

6）注意随时清理模具工作表面，合模面不得有异物。

7）运动和导向部位保持清洁，班前和班中要加油润滑，使之运动灵活可靠，防止卡死、烧伤。

8）型腔模具要保持型腔的清洁，避免锈蚀、划伤，不用时要喷涂防锈剂。

9）冲裁面要保持刃口锋利，适时进行刃磨。拉深模要合理选择润滑介质。

10）注射模要正确选择脱模剂，使制品顺利脱模。

11）使用完毕，要清洁模具各工作部位，涂防锈油或喷防锈剂。

12）定期检查、注油。

2. 模具的保管

无论新模具还是使用过的模具，在短期或长期不用时都要进行妥善的保管。这对于保护模具的精度、模具各个部位的表面粗糙度以及延长模具使用寿命都有重要意义。保管模具应注意以下几点：

1）模具的种类规格一般比较繁杂，模具的存放库要做到井井有条、科学管理、多而不乱、便于存取，不能因存放库的条件不好而损坏模具。模具应存放在干燥且通风良好的房间，不可随意放在阴暗潮湿的地方，以免生锈。

2）严禁将模具与碱性、酸性、盐类物质或化学药剂等存放在一起，严禁将模具放置在室外风吹雨淋、日晒雪浸。

3）对于企业中使用的成批模具，要按企业管理标准化的规定对所有模具进行统一编号，并刻写在模具外形的指定部位，然后在专用库房里进行存放及保管。

4）对于新制造的模具交库房保管，或是已使用的模具用后归还库房保管，都要进行必要的库房验收手续。

5）模具存放前应擦拭干净，分门别类地存放，并摆放整齐。为防止导柱和导套生锈，在导柱顶端的注油孔中注入润滑油后盖上纸片，防止灰尘及杂物落入导套内。

6）冲压模具的凸模与凹模、型腔模的型腔与型芯、配合部位均应喷涂防锈剂，以防生锈。

7）对于小型模具应放在模具架上，大中型模具存放时在上、下模之间垫以木块限位，避免卸料装置长期受压而失效。

8）对于长期不用的模具，应经常检查保养，发现锈斑或灰尘时要及时处理。

三、分组实施模具拆装原则

1）拆卸模具前，应先根据指导教师的讲解，分清可拆卸件和不可拆卸件，模具中导柱、导套以及用浇注或铆接方法固定的凸模等不可拆卸件不宜拆卸。

2）针对各种模具具体分析其结构特点，制订模具拆卸顺序及方案，在指导教师审查同意后方可拆卸。

3）拆卸时一般首先将上、下模分开，然后分别将上、下模做紧固的紧固螺钉拧松。

4）用拆卸工具将模具各板拆下，从固定板中压出凸模、凸凹模等，达到可拆卸件全部分离。

5）对拆卸下的每一个零件进行观察并做好记录。记录清楚零件的位置，按一定顺序摆放好，避免在组装时出现错误及遗漏零件。

6）按拟定的顺序将全部模具零件装回原来位置。注意正反方向，防止漏装，其他注意事项与拆卸模具相同，遇到零件受损不能进行装配时，应在老师指导下使用工具修复受损零件后再装配。

【课题实施】

该课题的实施可参考表1-8中的流程完成。

表1-8 课题实施流程

序号	课题流程	学时分配
1	学习相关知识	1
2	熟悉模具装配车间安全操作规程	1
3	进行模具日常维护	2
4	正确使用模具拆装、测绘及调试常用工量具	2
5	分组实施模具拆卸	2
6	认识德立天虚拟工厂软件（或其他拆装软件）	2
7	课题评价与鉴定	1
	小计	11

一、学习模具装配车间安全操作规程

学生进入车间必须进行安全教育和设备操作培训，并做到熟悉车间各设备的性能、操作程序和维护保养知识。通过本课题学习模具车间安全操作规程的各项规定，并查阅相关资料完善车间安全操作规程。

1. 学习工作服的穿戴标准

工作服的穿戴标准：

1）操作人员进入生产厂区，必须穿工作服、劳保鞋，佩戴安全帽，严禁穿戴不符合安全要求的衣物进入生产岗位，严禁酒后上岗。

2）工作时应穿好工作服、安全鞋，否则不许进入车间。衬衫要系入裤内，工作服衣领、袖口要系好；不得穿凉鞋、拖鞋、高跟鞋、背心、裙子和戴围巾进入车间；禁止戴手套操作机床，长发人员要戴帽子。

工作服正确穿戴标准如图 1-23 所示，对比之后找出图 1-24a、b、c 中工作服穿戴不合格之处。

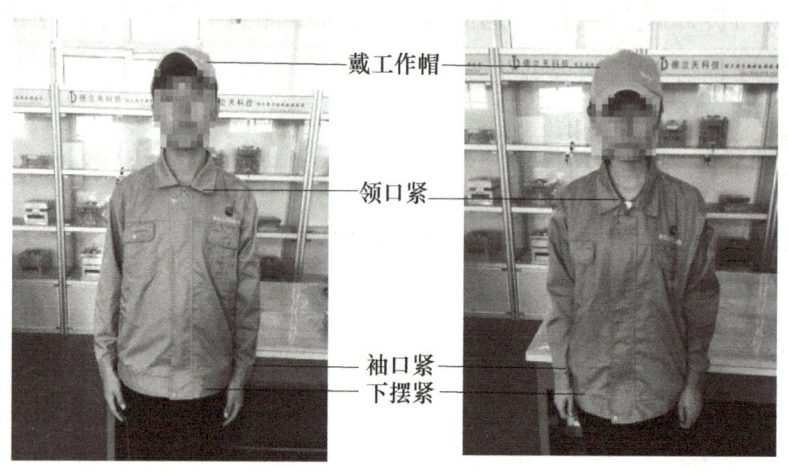

图 1-23　工作服正确穿戴标准

　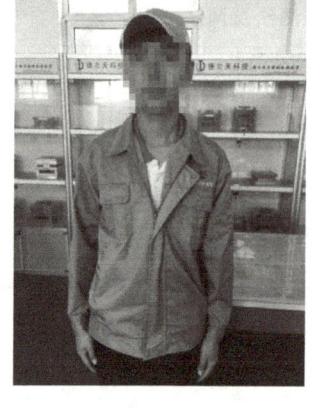　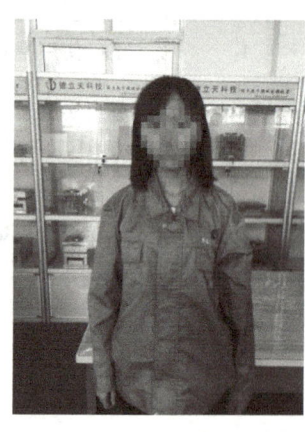

a) _____　　　　b) _____　　　　c) _____

图 1-24　请指出工作服穿戴不合格之处

2. 学习车间操作规程

学习相关知识中的模具装配车间安全操作规程细则，如图 1-25 所示，对比左侧车间操作规程标准图，找出右图中不合格之处。

二、进行模具日常维护

以小组为单位，通过学习模具日常维护和保养的知识，对模具进行维护保养，并且做好注射模和冲压模维护保养记录，见表 1-9 和表 1-10。

 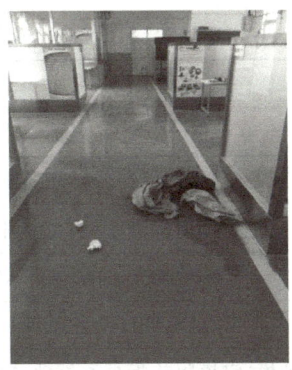

a) 地面

 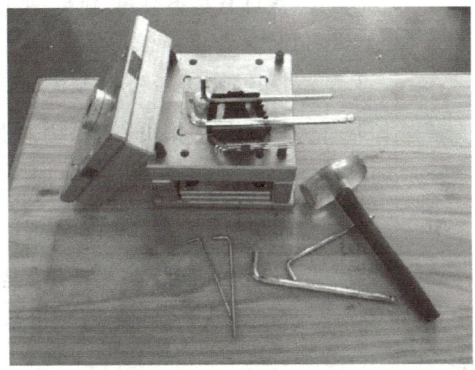

b) 工具摆放

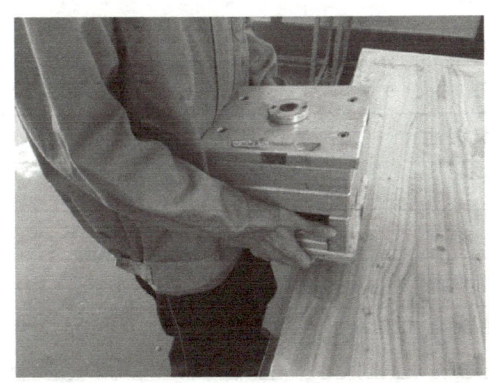 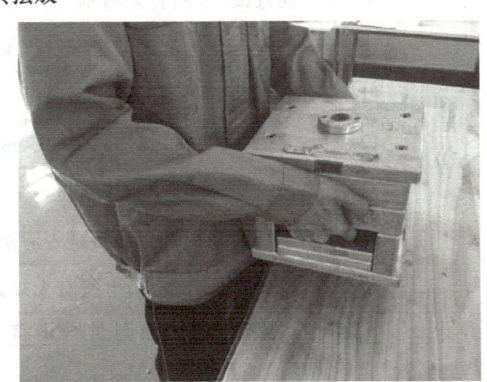

c) 搬放模具

d) 拆卸模具摆放

图 1-25　车间操作规程对比

表 1-9 注射模维护保养记录表

模具编号			模穴			
产品型号			产品名称		产品颜色	
使用材质			保养时间		保养员	
保养类别		□ 量产前保养		□ 生产结束保养		□ 定期保养
	检查确认： 确认合格 √　不合格 ×　模具无此项目可不填					
	序号	检查项目			状态确认	不合格处理方式
保养项目	1	动模、定模隔热板是否松动、缺失、破损			□	
	2	浇口套是否松动、缺失、破损、圆角与喷嘴配合情况			□	
	3	模具螺钉是否松动、缺失、滑牙、断裂			□	
	4	模具镶针、镶块是否松动、缺失、断裂、错位			□	
	5	滑块是否缺失、断裂、错位、变形、拉伤、卡死			□	
	6	滑块加注润滑油，并检查滑动是否灵活准确			□	
	7	导柱加注润滑油，模具开合是否灵活准确			□	
	8	顶针有无断裂、缺失，顶出是否灵活准确并加注润滑油			□	
	9	模具油/水路有无堵塞			□	
	10	油管与接头有无缺失、破损、漏油			□	
	11	油/水路油封有无缺失、破损、漏油			□	
	12	油/水路堵头螺钉有无缺失、破损、漏油			□	
	13	顶针弹簧是否缺失、断裂			□	
	14	模具型腔和表面油污是否清洗			□	
	15	电加热是否正常，电线有无短路和断路			□	
	16	热流道加温、控制是否正常，电线有无短路和断路			□	
	17	模具定位圈是否缺失与配套			□	
	18	模具抽芯与铰牙装置有无漏油，动作是否灵活准确			□	
	19	嵌件是否能够轻松安放到位			□	
	20	模具是否进行除锈与防锈处理			□	
保养异常记录：			□ 正常		□ 异常	
处理对策：						
可否量产：			□ 可以		□ 不可以	
审核者：				记录者：		

表 1-10　冲压模维护保养记录表

模具编号		产品型号		产品名称	
使用材质		保养时间		保养员	
保养类别	□ 量产前保养		□ 生产结束保养		□ 定期保养

检查确认：确认合格 √　不合格 ×　模具无此项目可不填

	序号	检查项目	状态确认	不合格处理方式
保养项目	1	模具表面和模具凹模内是否有油污、脏物、异物、锈斑及灰尘	□	
	2	导柱/导套是否松动、缺失、破损	□	
	3	模具螺钉是否松动、缺失、滑牙、断裂	□	
	4	模具镶针、镶块是否松动、缺失、断裂、错位	□	
	5	滑块是否缺失、断裂、错位、变形、拉伤、卡死	□	
	6	滑块加注润滑油，并检查滑动是否灵活准确	□	
	7	导柱加注润滑油，模具开合是否灵活准确	□	
	8	顶针有无断裂、缺失，顶出是否灵活准确并加注润滑油	□	
	9	模具气孔有无堵塞，吹气是否顺畅，接头是否损坏	□	
	10	模具定位销是否缺失或断裂	□	
	11	上、下模座是否撞伤、压印、缺陷或不平	□	
	12	卸料板/凹模是否撞伤、压印、缺陷或不平	□	
	13	弹簧是否缺失、断裂、生锈、压死或失效	□	
	14	模具定位圈是否缺失与配套	□	
	15	凸模有无缺失、断裂或磨损	□	
	16	凹模镶件有无缺失或磨损	□	

保养异常记录：　　　□ 正常　　　　　□ 异常

处理对策：

可否量产：　　　□ 可以　　　　　□ 不可以

审核者：　　　　　　　　　　　　　　记录者：

三、识别模具拆装、测绘及调试常用工量具

（一）常用工具及操作

模具常用的拆装工具有扳手、螺钉旋具、手钳、锤子、铜棒、塑料周转箱、防护眼镜、防护工作服等。

1. 扳手

在模具拆装中常用的扳手有内六角扳手、套筒扳手、呆扳手、活扳手等。

（1）内六角扳手（图1-26） 在现代制造业中，内六角扳手一直是不可缺少的工具，它结构简单，重量轻，制造容易，成本低，扳手两端都可使用，使用率高，独特的结构与内六角螺钉紧密接触，受力充分，使用时通过扭矩对工件施加作用力，方便快捷，省时省力。

操作步骤及注意事项：

1）使用前要选择合适被拆装工件尺寸的内六角扳手，避免出现打滑现象。

图1-26 内六角扳手

2）使用时，应将内六角扳手的一端对准插入内六角螺钉的孔中，左手轻压保持两者垂直，右手转动扳手另一端，从而带动螺钉进行松开或紧固。轻压时防止扳手转动时从孔中滑出。

3）在使用过程中，不得给内六角扳手的一端接套管等工具延长力臂，不得用锤子敲打内六角扳手，防止在工作中损坏扳手。

4）及时清洁工具，保持外表干净，使用后，将工具放到指定工具盒内，不得与任何锋利工具放在一起。

5）对一些损坏或者不符合使用标准的扳手，要进行及时修复或更换。

（2）套筒扳手（图1-27） 套筒扳手分为手动和机动（气动、电动）两种类型，其中手动套筒工具应用较广泛。套筒扳手是一种组合型工具，一般以成套（盒）形式使用，常用的套筒扳手有13件套、17件套和24件套等多种规格。其结构由套筒（头）、传动件和连接件组

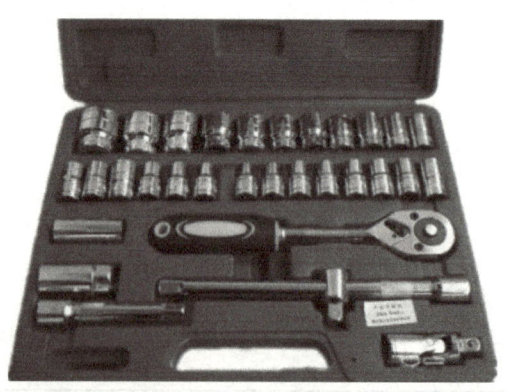

图1-27 套筒扳手

成，一般应用在六角螺栓和螺母紧固或松开场合，尤其适用于空间狭小、位置深凹的工作场合，具有功能多、使用方便快捷、安全可靠的特点。

操作步骤及注意事项：

1）使用前，要选择尺寸合适的扳手头套放在工件上。

2）使用时，要将手柄接头安装稳定，防止打滑脱落造成安全事故。

3）扭动手柄时用力要平稳，用力方向与工件的中心线垂直。

（3）呆扳手（图1-28） 呆扳手是制造行业常见的工具，其结构有两种，一种为两端都开口，一种只有一端开口，主要用于拧紧或松开螺栓和螺母。其结构简单，重量轻，便于携带，制造工艺简单，成本较低，使用效率高，方便快捷，省时省力。

图1-28 呆扳手

操作步骤及注意事项：

1）使用前，要选择合适尺寸的呆扳手，避免损坏工件或工具。

2）先将呆扳手与螺栓或螺母六角的两个对向面最大程度地接触，确保扳手与其完全配合后才能进行扭转。受力时，左手推住呆扳手与螺栓连接处，右手大拇指抵住扳手，其余四指紧握扳手柄部往靠近自己的方向拉扳。当扳到最大位置后，将扳手取下，重复以上的过程。

3）在使用过程中，扳手受力不能过大，避免打滑现象，出现安全事故。

4）在使用过程中，不得给扳手的一端接套管等工具延长力臂，不得用锤子敲打扳手，防止在工作中损坏扳手。

5）使用后，将工具放到指定工具盒内。

（4）活扳手（图1-29） 活扳手用来紧固或拆卸一些不规则的和紧固力矩较大的螺栓或螺母，活扳手开口宽度在一定范围内是可以调节的。

操作步骤及注意事项：

1）使用前，要选择尺寸合适的活扳手。检查好活扳手的滑轨是否灵活，虎口有无裂痕等。

图1-29 活扳手

2）将开口调试在松紧合适的位置，并紧固在螺栓或螺母上后才可使用。

3）用活扳手扳动螺栓或螺母时，与扳手的手柄垂直，用拉力拉动扳手。若出现非推不可的情况时，要用手掌推，手指伸开，防止撞伤关节。

扳手规格是指扳手全长（mm）×最大开口宽度（mm）。如扳手上标有"250×28"字样，"250"表示扳手全长为250mm，"28"表示扳手虎口全开为28mm。活扳手规格见表1-11。

表 1-11　活扳手规格

扳手全长/mm	100	150	200	250	300	375	450	600	650
最大开口宽度/mm	13	14	24	28	34	45	55	60	65

扳手操作要点：

1）由于扳手的长度都是根据其对应的螺栓或螺母所需要的拧紧力矩而设计出来的，所以在使用扳手时，一定要选择合适的扳手，避免损坏工具或工件，避免造成安全事故。

2）在使用扳手时，不得随意加接管子等延长力臂。

3）一只手用力扳动扳手，另一只手要有支承作用，不允许双手同时扳动扳手，以免发生危险，站立要稳，双脚要成丁字形岔开站立，以免用力过程中重心不稳，发生滑倒事故。

2. 螺钉旋具

在模具拆装中常用的螺钉旋具有一字槽螺钉旋具、十字槽螺钉旋具两种。常用的螺钉旋具见表1-12。

表 1-12　常用的螺钉旋具

类别	工具名称	图片	特点	操作要点及注意事项
螺钉旋具	一字槽螺钉旋具		用于旋紧或松开各种标准的一字槽螺钉。工作部分一般由碳素工具钢制成，进行过淬火处理。穿心式可用锤子敲击尾部施力，普通式不可以。旋杆有六边形面相应的扳手夹住旋杆再扳动，以增大扭矩	1. 使用前，要根据螺钉槽选择合适类型和规格的螺钉旋具，其工作部分要与槽形和槽口匹配，一字槽螺钉旋具的宽度要略小于槽长 2. 使用场合要适当，两者不要相互代替使用，以免出现螺钉槽损坏等情况 3. 普通型螺钉旋具端部不能当錾子、撬杠或其他工具使用

(续)

类别	工具名称	图片	特点	操作要点及注意事项
螺钉旋具	十字槽螺钉旋具	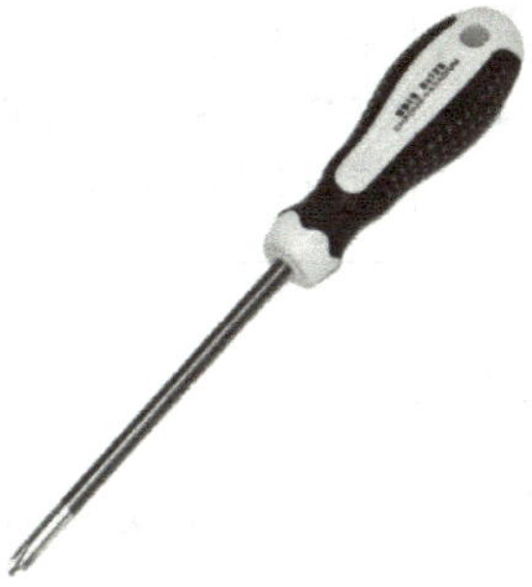	用于旋紧或松开各种标准的十字槽螺钉。其结构和使用与一字槽螺钉旋具相似	4. 使用旋具紧固或拆卸带电的螺钉时,要握住旋具杆的非金属部分,以免发生触电事故 5. 螺钉旋具的工作部分使用过久产生磨损时,可在磨石上修磨,不可在砂轮机上打磨,以免退火失去刚性

3. 锤子

常用的锤子见表1-13。

表1-13 常用的锤子

类别	工具名称	图片	应用场合	操作要点及注意事项
锤子	圆头锤		用于钳工、锻工、钣金工、安装工等敲击工件或整形	使用锤子时主要靠拇指和食指,其余各指仅在锤击时才握紧,距离手柄尾部伸出15~30mm。其方法有紧握法和松握法。紧握法一般应用于需要锤击力较小的场合,挥锤时用手腕的运动来进行锤击。松握法一般应用于需要锤击力较大的场合,挥锤时手腕与肘部一起挥动进行锤击
	橡胶锤	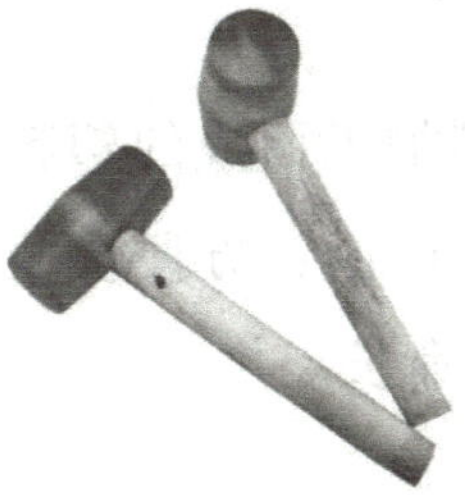	用于各种金属件和非金属件的敲击、装拆及零部件损坏的场合	

锤子根据材质分为硬锤子和软锤子。硬锤子一般是钢铁、钣金制品,软锤子一般是铜锤、铝锤、木锤、橡胶锤、塑料锤等。锤子结构由锤头和木柄组成。

4. 手钳

模具拆装常用的手钳有管子钳、尖嘴钳、大力钳、卡簧钳、钢丝钳等。常用的手钳见表1-14。

表 1-14　常用的手钳

类别	工具名称	图片	应用场合	操作要点及注意事项
手钳	尖嘴钳		因其头部细长，用于在狭小工作空间夹持小零件和切断或扭曲细金属丝	使用时，不能用力太大，否则钳口头部会变形或断裂。不能用尖嘴去撬工件，以免钳嘴撬变形
手钳	卡簧钳（挡圈钳）		用于拆装弹性挡圈	安装挡圈时把尖嘴插入挡圈孔内，用力握紧钳柄，挡圈张开，内孔变大，可套入轴上挡圈槽内，然后松开钳柄，挡圈弹性回复，挡圈稳稳地卡在挡圈槽内
手钳	钢丝钳		它是一种具有钳夹功能和切断功能的工具，使用最为广泛	不得代替锤子敲击工件，不得代替扳手扭转工件

5. 铜棒

铜棒（图 1-30）由黄铜制成，硬度低，作为冲头使用，可以有效防止工件因敲击而损坏，起到了缓冲作用。当铜棒变形时，可使用磨床进行研磨。

锤子与铜棒配合使用，一手握住铜棒一端，另一手握住锤子锤击铜棒的另一端，但不可代替锤子使用。

6. 塑料周转箱

塑料周转箱（图 1-31）是采用注射成型加工而成的塑料制品，用来完成拆装模具中零部件的分类和运输，其特点是使用广泛，方便快捷，外形美观，耐蚀性好，防潮、防锈，易清洗、易加工，使用寿命长。

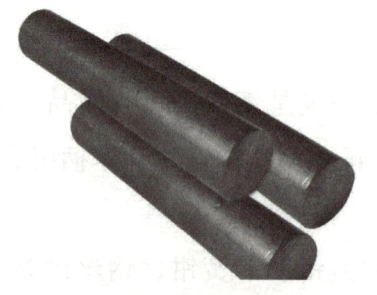

图 1-30　铜棒

图 1-31　塑料周转箱

操作要点及注意事项：

1）塑料周转箱要轻拿轻放，避免损坏，使用前，检查箱体是否完整无损无裂痕，是否清洁干净。

2）放置工件时，要受力均匀，工件也要轻拿轻放，并避免尖锐部分损坏塑料周转箱。

3）不能放太多或太重的工件在里面，避免超出塑料周转箱的载重范围，使其损坏。

4）由于塑料周转箱属于塑料材质，因此不能放置在阳光暴晒的地方，不能放置在温度过高或过低的地方，也不能放置在潮湿、空气不流通的地方。

5）使用完毕后，要将塑料周转箱清洁干净，放置到指定位置。

7. 防护眼镜、防护工作服

防护眼镜、防护工作服都属于劳动防护用品，也叫劳动保护用品、个人保护用品，是进行模具拆装时必备的防护品。

防护眼镜可以防止异物或强光等外界因素伤害操作者或进入眼睛。使用时要轻拿轻放，要避免坚硬的物体划伤镜片，当镜片磨损或损坏时要及时调换。防护工作服也称工作服，具体穿戴要求在本书前面有详细讲解。

（二）常用量具及操作

模具测绘常用量具及操作见表1-15。

表1-15 模具测绘常用量具及操作

类别	工具名称	图片	用途	操作步骤
游标量具	游标卡尺		用于测量工件的外部尺寸（如长度、宽度、厚度等）、内部尺寸（槽宽、内径等）和深度尺寸的游标量具	1. 清洁量具和被测工件的表面 2. 将游标零刻度线与尺身零刻度线对准，使其归零 3. 测量时移动卡爪与表面接触，压力不宜过大或过小，固定好锁紧螺母 4. 先看尺身示值，读出游标尺零线左边的尺身示值，再看游标尺示值，读出游标尺与尺身刻度对准的示值，将两个示值相加即可 5. 使用后应将量具放回专用量具盒内
	深度卡尺		用于测量孔、槽和台阶的深度尺寸的游标量具	

（续）

类别	工具名称	图片	用途	操作步骤
微类量具	外径千分尺	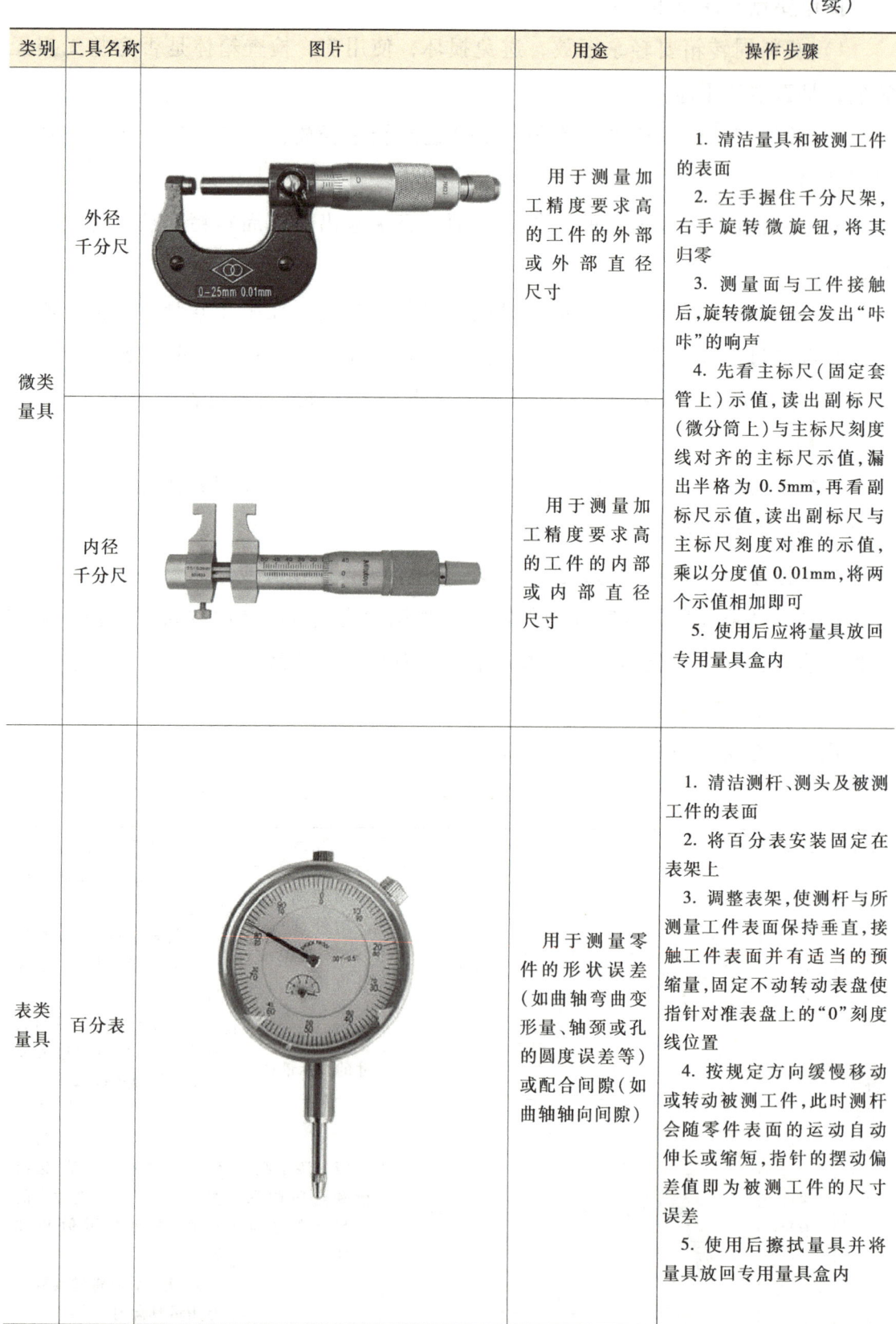	用于测量加工精度要求高的工件的外部或外部直径尺寸	1. 清洁量具和被测工件的表面 2. 左手握住千分尺架，右手旋转微旋钮，将其归零 3. 测量面与工件接触后，旋转微旋钮会发出"咔咔"的响声 4. 先看主标尺（固定套管上）示值，读出副标尺（微分筒上）与主标尺刻度线对齐的主标尺示值，漏出半格为0.5mm，再看副标尺示值，读出副标尺与主标尺刻度对准的示值，乘以分度值0.01mm，将两个示值相加即可 5. 使用后应将量具放回专用量具盒内
	内径千分尺		用于测量加工精度要求高的工件的内部或内部直径尺寸	
表类量具	百分表		用于测量零件的形状误差（如曲轴弯曲变形量、轴颈或孔的圆度误差等）或配合间隙（如曲轴轴向间隙）	1. 清洁测杆、测头及被测工件的表面 2. 将百分表安装固定在表架上 3. 调整表架，使测杆与所测量工件表面保持垂直，接触工件表面并有适当的预缩量，固定不动转动表盘使指针对准表盘上的"0"刻度线位置 4. 按规定方向缓慢移动或转动被测工件，此时测杆会随零件表面的运动自动伸长或缩短，指针的摆动偏差值即为被测工件的尺寸误差 5. 使用后擦拭量具并将量具放回专用量具盒内

类别	工具名称	图片	用途	操作步骤
其他量具	量块		无刻度的专业检验工具，用于检验和校正量具、检测精度要求高的工件尺寸	1. 使用量块要轻拿轻放 2. 放在桌面上时，要将非工作面与桌面接触 3. 使用时要将量块和被测工件表面擦拭干净 4. 使用后将量块擦拭干净，涂抹凡士林以便保存，并放入量块盒中

四、分组实施模具拆卸

在实践生产中，通常需要对模具进行拆卸的原因有：①在模具装配配模时，一般需要多次的安装和拆卸才能达到理想的配合状态；②在模具装配配模时，由于管理疏忽而造成的安装过程出错；③模具进行批量生产出现问题需要进行维修、维护或更换某些零件。

那么模具的拆卸步骤是怎么样的呢？下面以典型注射模——单分型面注射模为例介绍模具拆卸的步骤。

第一步：分模，如图1-32所示。找出分型面，用铜棒敲打定模座板四周，分析导柱和导套的配合情况将模具的定模、动模分开，要求受力均匀，以免损坏模具工作表面。

图1-32　分模

第二步：拆卸定模，如图1-33所示。分析型腔与定模板、浇口套与模板、直导套与定模板的配合情况。直导套与定模板不可拆卸，切记不能拆。

a) 定位圈螺钉

b) 定位圈

c) 定模座板螺钉

图1-33　拆卸定模

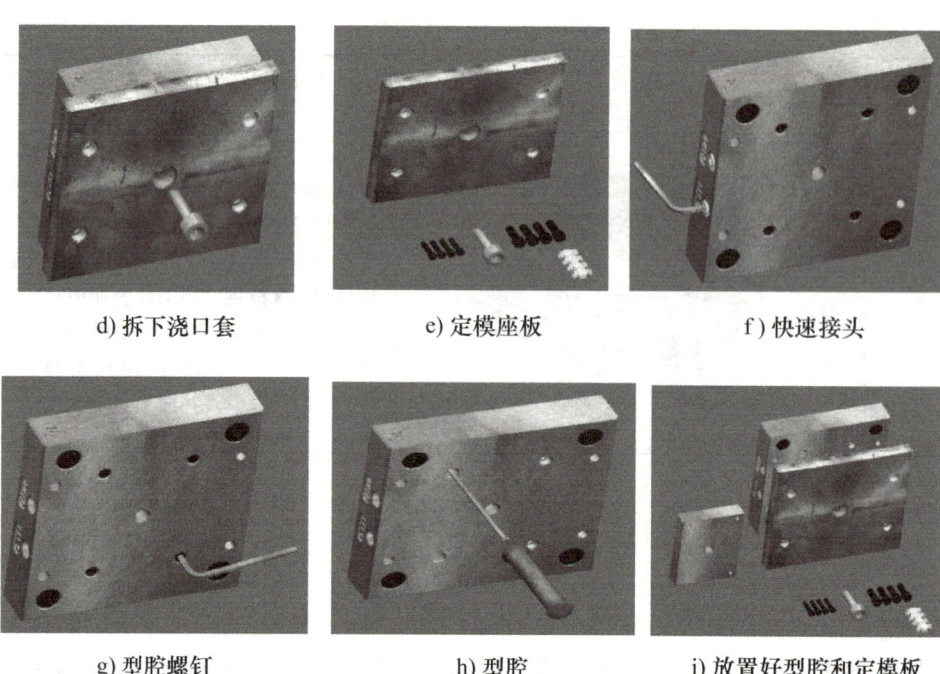

d) 拆下浇口套　　e) 定模座板　　f) 快速接头

g) 型腔螺钉　　h) 型腔　　i) 放置好型腔和定模板

图 1-33　拆卸定模（续）

第三步：拆卸动模，如图 1-34 所示。分析型芯与动模板，导柱与动模板，推杆、拉料杆与型芯的配合情况。导柱与动模板不可拆卸，切记不能拆。拆卸过程中将模具所有零部件有序摆放，便于观察和装配。

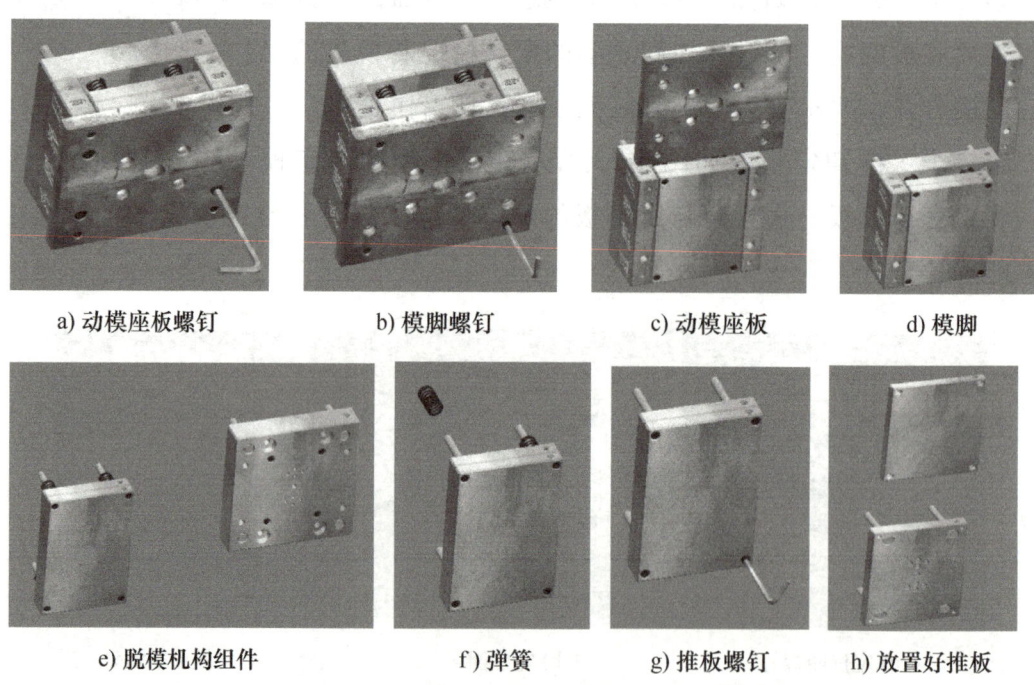

a) 动模座板螺钉　　b) 模脚螺钉　　c) 动模座板　　d) 模脚

e) 脱模机构组件　　f) 弹簧　　g) 推板螺钉　　h) 放置好推板

图 1-34　拆卸动模

  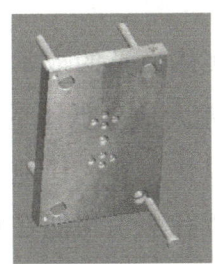 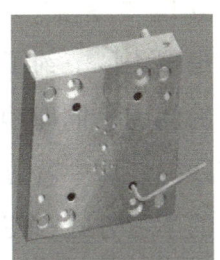

　　i) 拉料杆　　　　j) 推杆　　　　k) 取下复位杆，放　　　l) 型芯螺钉
　　　　　　　　　　　　　　　　　　　置好推杆固定板

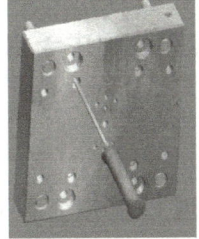 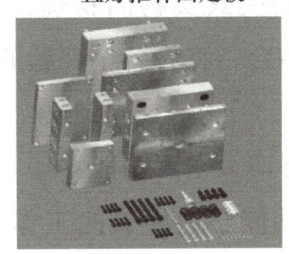

　　m) 放置好型芯和动模板　　　n) 摆放全图

图 1-34　拆卸动模（续）

五、认识虚拟拆装软件

在模具认知与测绘综合实训室，为提高学习效率，解决设备不足问题，通常引入虚拟工厂。本书中采用的德立天虚拟工厂截图如图 1-35 所示。德立天虚拟工厂以逼真的三维场景和三维虚拟装备进行模具虚拟拆装仿真实训和知识学习，以场景式、漫游式营造身临其境般的教学和实训体验。

图 1-35　德立天虚拟工厂截图

软件具备学习模具知识的知识索引功能、学习模具结构的多种观察功能及拆装实训功能、学习模具工作原理的机构运动仿真功能以及模具拆装实训考核功能等。

1. 虚拟工厂的特点

利用虚拟工厂节约了实体模具的成本，解决了因设备数量限制学生必须轮流进行实训的问题，同时也大大地降低了管理难度，能在短时间内进行强化训练。这样在实践拆装课中就可以快、准、稳地完成模具拆装任务，虚拟工厂与实际拆装相结合的学习方式，使所有学生均能在短时间内达到预期目标，提高了学生在短时间内最优化解决实际拆装问题的能力。但是在虚拟工厂中也存在一些不足，主要是使用者无法体会到模具实物的物理性能，如材料、重量、质地、手感等，这些问题可以进行虚实结合，将在各个课题的实践装配中予以弥补。

2. 虚拟工厂的主要功能

虚拟工厂系统主要有四大学习功能：

（1）通过运动仿真功能学习模具的工作原理　虚拟工厂能够以透视、隐藏、局部、剖面、旋转等各种方式、各种视角观察模具机构运动全过程，从而了解模具的工作原理。

（2）通过拆装实训功能学习模具结构　学生可先观看模具拆卸、装配全过程的三维动画演示，每一步都同步配有文字说明。之后，学生可自主完成交互拆卸和装配操作全过程，系统可在实训过程中自动判断每一步操作的正确性，并可根据要求提示下一步可选的正确操作。

（3）通过知识索引功能学习模具设计知识　对任何零部件可立即搜索、查看到与该零件相关的模具知识，并可立即查看与该零件相关的模具标准件三维模型。同时，系统提供了丰富、真实的模具设计实例，包括三维详细设计、二维工程图、BOM（物料清单）、采购清单等全部数据。

（4）通过自动考核功能评价学生学习效果　通过自动考核功能评定学习效果：系统详细记录学生自主装配的全过程，并自动对每一步进行对错判断，并给出相应的提示信息，同时自动进行分数计算。在考核结束后生成详细的考核记录单，包括拆装详细步骤、每一步的判分结果、依据和成绩汇总。自动考核功能能让学生对所学知识进行系统反馈，从而更加高效地学习知识。

【课题评价与鉴定】

1. 课题评价

评价等级分为 A（90~100 分）、B（80~89 分）、C（70~79 分）、D（60~69 分）、E（0~59 分）五个等级。综合评价表见表 1-16。

表1-16 综合评价表

姓名			评定等级		总分			
课题	序号	评价内容	评价标准	配分	小组互评50%	教师评价50%	单项总分
认识模具装配车间	1	模具车间安全操作规程（20分）	工作服穿戴整齐	5分			
			熟悉车间操作规程情况	15分			
	2	模具日常维护（20分）	进行模具日常维护保养，完成注射模和冲压模维护保养记录	20分			
	3	模具拆装、测绘及调试常用工量具（20分）	小组互相检查及提问常用工量具的使用方法	20分			
	4	分组实施模具拆卸顺序及方法（20分）	分组实施模具拆卸，并进行同步讲解	20分			
	5	认识德立天虚拟工厂软件（或其他拆装软件）（10分）	分组讲解德立天虚拟工厂软件（或其他拆装软件）的使用说明并演示	10分			
	6	纪律（4分）	不迟到、不早退、不旷课	2分			
			遵守操作规程，服从安排，文明拆卸	2分			
	7	小组合作（6分）	成员之间交流、沟通、合作效果好	6分			

2. 课题学习情况鉴定

学习情况鉴定表详见表1-17。

表1-17 学习情况鉴定表

	本课题同学们有哪些收获？
自我鉴定	
	学生签名： 　　年　　月　　日

	(续)
指导教师 鉴定	 指导教师签名： 年　　月　　日

【思考与练习】

一、填空题

1. _____ 适用于空间狭小、位置深凹的工作场合。

2. 套筒扳手扭动手柄时用力要平稳，用力方向与_____垂直。

3. _____ 一般用来紧固或拆卸一些不规则的和紧固力矩较大的螺栓或螺母。

4. 活扳手上标有"300×34"字样，其中"300"表示_____为300mm，"34"表示_____为34mm。

5. 螺钉旋具中工作部分一般由_____制成，进行_____处理。

6. 使用锤子的方法有_____和_____。

7. 使用卡簧钳拆装弹性挡圈时，用力握紧钳柄，挡圈_____，松开钳柄，挡圈_____。

8. _____用于测量加工精度要求高的工件的外部或外部直径尺寸。

9. 在模具拆装中常用的扳手有_____、_____、

_____、_____。

10. _____用于在狭小工作空间夹持小零件和切断或扭曲细金属丝的场合。

二、判断题

1. 在拆装内六角螺钉时，选择不合适的内六角扳手，会出现打滑现象。（　　）

2. 内六角扳手可以用手锤敲打来施加更大的力。（　　）

3. 工量具使用完毕后，不得随意乱放。（　　）

4. 用活扳手扳动螺栓或螺母时，与扳手的手柄垂直，用拉力拉动扳手，若出现非推不可的情况时，要用手掌推，手指伸开。（　　）

5. 在选用一字槽螺钉旋具时，一字槽螺钉旋具的宽度要略小于槽长。（　　）

6. 螺钉旋具的工作部分使用过久产生磨损时，可使用砂轮机进行打磨。（　　）

7. 铜棒可以替代锤子使用。（　　）

8. 游标卡尺不可以测量工件的深度，必须要用游标深度卡尺测量。（　　）

9. 百分表在使用时，要转动表盘使指针对准表盘上的"0"刻度线位置。（　　）

10. 任何量具使用完毕后都要及时放回专用量具盒中，保持清洁干净。（　　）

三、简答题

1. 简述内六角扳手的使用方法。
2. 简述外径千分尺的读数方法。

单元二　模具测绘与装配

课题一　单分型面注射模的测绘与装配

视频 2-1　帽盖潜水口单分型面注射模的实践拆装

【学习目标】

知识目标	1. 掌握帽盖潜水口单分型面注射模的零件结构组成、功能及相互配合关系 2. 掌握模具拆装的一般步骤和方法 3. 用二维绘图软件绘制帽盖潜水口单分型面注射模的非标准零件零件图 4 张，装配图 1 张
技能目标	1. 会识读模具装配图 2. 会画装配图及拆画零件图 3. 能正确地使用模具拆装及测绘中的工具、量具
素养目标	1. 具有安全文明生产和遵守操作规程的意识 2. 具有人际交往和团队协作的能力

【课题描述】

要生产制造出优质的模具，在模具装配环节就必须有合理的装配工艺，并且由技术水平熟练的模具钳工来完成。同时，模具测绘是模具技术人员必须要掌握的基本技能。通过本课题测绘并装配如图 2-1 所示的帽盖潜水口单分型面注射模，来实现单分型面注射模测绘、装配方面知识与技能的融合贯通。

帽盖潜水口单分型面注射模实物效果图如图 2-2 所示。

【学习准备】

完成该课题需要准备的实训物品清单见表 2-1。

单元二 模具测绘与装配

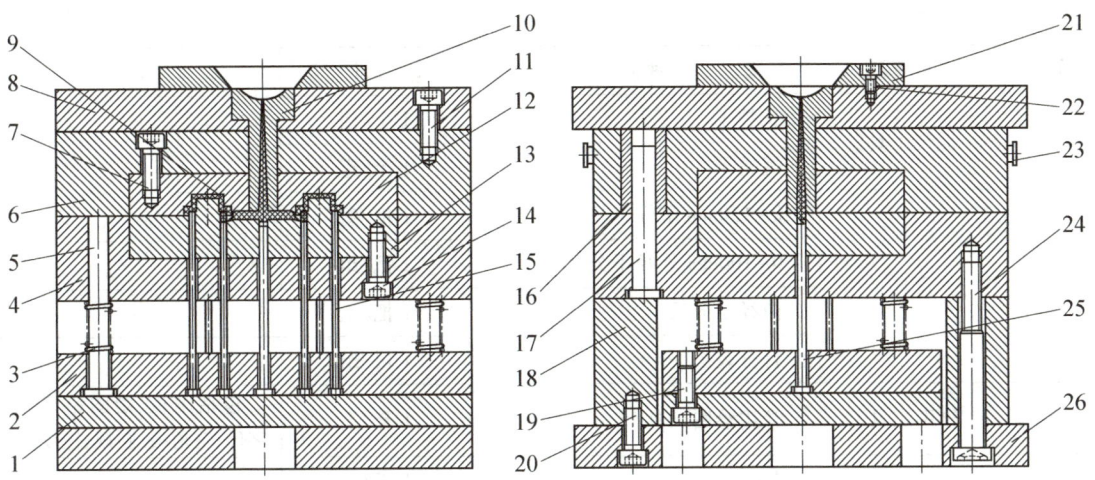

图 2-1 帽盖潜水口单分型面注射模装配结构示意图

1—推板 2—推杆固定板 3—弹簧 4—动模板 5—复位杆 6—定模板 7—型腔螺钉 8—定模座板
9—产品零件 10—浇口套 11—定模座板螺钉 12—型腔 13—型芯 14—型芯螺钉 15—推杆
16—导套 17—导柱 18—模脚 19—推板螺钉 20—动模座板螺钉 21—定位圈
22—定位圈螺钉 23—快速接头 24—模脚螺钉 25—拉料杆 26—动模座板

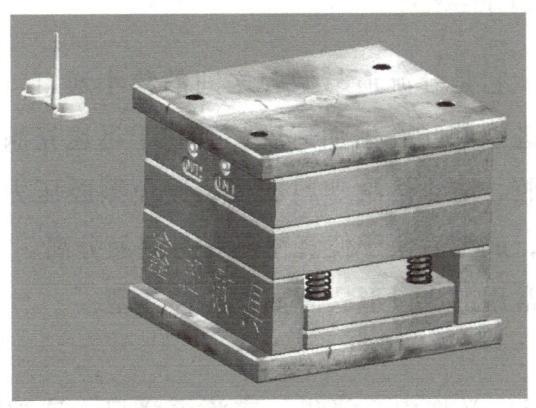

图 2-2 帽盖潜水口单分型面注射模实物效果图

表 2-1 实训物品清单

序号	实训资源	种类	数量	备注
1	注射模	单分型面注射模实物模型	1 副/组	帽盖潜水口单分型面注射模实物模型
2	辅助软件	德立天虚拟工厂软件（或其他拆装软件）	1 套/人	
3	拆装工具	内六角扳手	1 套/组	
		铜棒或橡胶锤	1 个/组	
		平行垫铁	2 块/组	

43

(续)

序号	实训资源	种类	数量	备注
3	拆装工具	长销子	1个/组	
		短销子	1个/组	
4	量具	0~150mm 游标卡尺	1把/组	
		0~100mm 外径千分尺	1把/组	
		内径千分尺	1把/组	
		百分表	1块/组	
5	绘图工具	常用绘图工具	1套/人	包括图板、绘图铅笔、丁字尺、三角板、圆规、橡皮等
6	图纸	A3	1张/组	
		A4	8张/组	

一、注射模浇口的类型

浇口又称进料口，它是分流道与型腔之间的狭小通口，也是最短小部分。其作用是使熔融塑料在进型腔时产生加速度，有利于迅速充满型腔。成型后浇口塑料先冷凝，以封闭型腔，防止熔融塑料倒流，避免型腔压力下降过快，以致在制品上产生缩孔或凹陷，成型后便于使浇注凝料与制品分离。

在注射模设计中常用的浇口形式有如下几种类型：

1. 直接浇口

直接浇口（图2-3）又称中心浇口、主流道浇口，这种浇口由主流道直接进料，故熔体的压力损失小，成型容易，因此适用于任何塑料，常用于成型大而深的塑件；其缺点是浇口处固化慢，故注射成型周期长，容易产生残余应力，浇口处易出现裂纹或翘曲变形，浇口凝料切除后有明显疤痕。其尺寸受塑料种类和塑件质量的影响，也与注射机喷嘴尺寸有关。

2. 侧浇口

侧浇口（图2-4）又称边缘浇口，一般开设在分型面上，塑料熔体于型腔的侧面充模，其截面形状多为矩形狭缝，调整其截面的厚度和宽度可以调节熔体充模时的剪切速率及浇口固化时间。侧浇口截面形状简单，加工容易，主要用于中小型塑件的多型腔模具，对各种塑料的成型适应性较强；其缺点是浇口痕迹存在，注射压力损失大，对深型腔塑件排气不便。

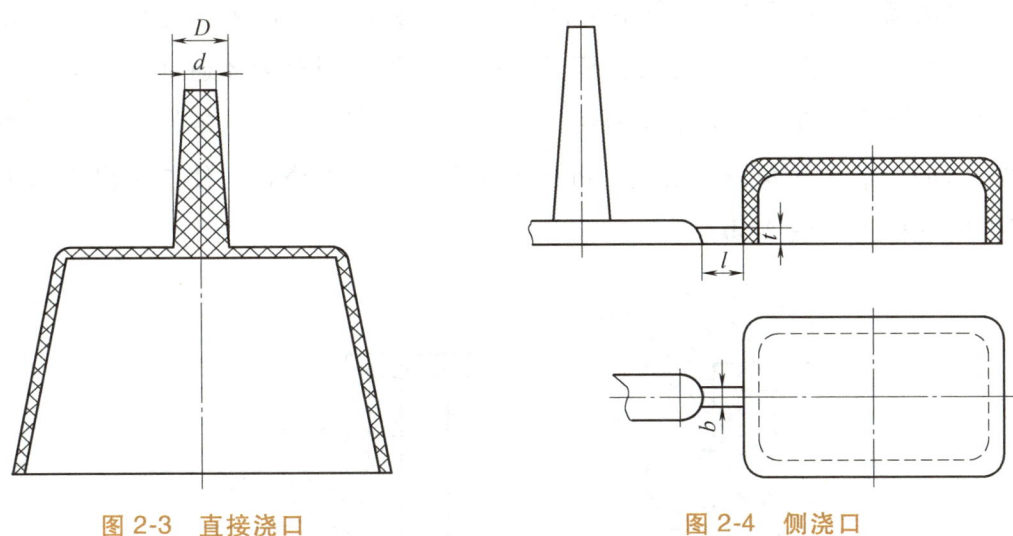

图 2-3　直接浇口　　　　　　　　图 2-4　侧浇口

3. 点浇口

点浇口（图2-5）又称针点浇口或橄榄形浇口，是一种在塑件中央开设浇口时使用的圆形限制性浇口，由于浇口前后两端存在较大的压差，能有效地增大塑料熔体的剪切速率并产生较大的剪切热，从而导致熔体的表观黏度下降，流动性增加，利于充模。点浇口常用于成型各种壳类、盒类的热塑性塑件。其优点是浇口残留痕迹小，易取得浇注系统的平衡，也利于自动化操作；其缺点是由于浇口的截面面积小，流动阻力大，需提高注射压力，只适于成型流动性好的热塑性塑料，在模具结构上需增加一个分型面，即双分型面，以便浇口凝料取出。

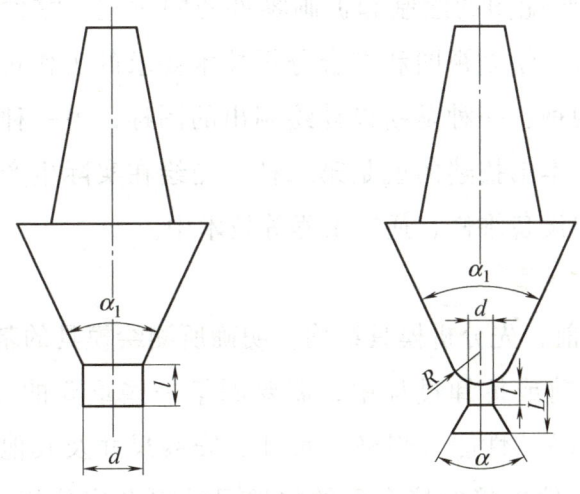

图 2-5　点浇口

4. 潜伏浇口

潜伏浇口（图2-6）又称剪切浇口，由点浇口演变而来。这类浇口的分流道位于分型面上，而浇口本身设在模具内的隐蔽处，塑料熔体通过型腔侧面斜向注入型腔，因而塑件外表面不受损伤，不会因浇口痕迹而影响塑件的表面美观效果（图2-6a）。若要避免浇口痕迹，可在推杆上开设二次浇口，使二次浇口的末端与塑件内壁相通（图2-6b）。

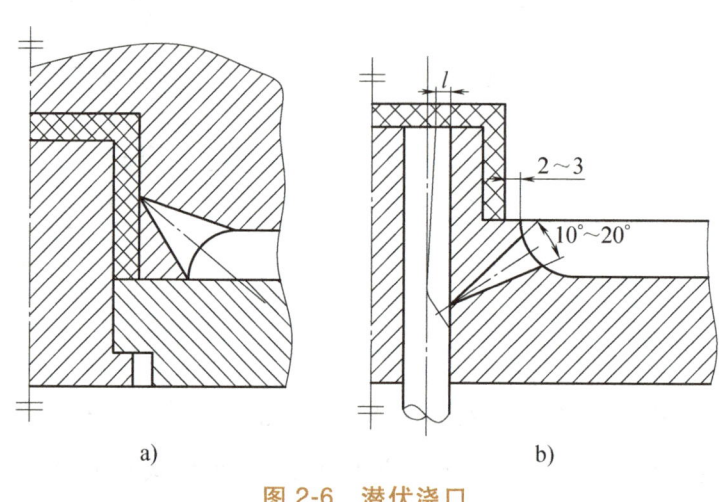

图2-6 潜伏浇口

二、注射模测绘步骤与原则

模具测绘是模具工程技术人员和技术工人必须掌握的一项基本技能。装配体的测绘是对装配体总体尺寸、装配尺寸等进行测量，绘制装配示意图（对零件较多的装配体，为便于拆卸后重新装配，要绘制装配示意图）和零件草图（非标准件），最终完成平面装配图的绘制和拆画零件图的过程。零件测绘就是依据实际零件，进行尺寸测量，绘制视图和综合分析技术要求的工作过程。在生产实践中所使用的零件图有两种：一种是新设计绘制出的图样；另一种是按实际零件进行测绘而得到的图样。本书描述的就是第二种。测绘在实际生产中有非常重要的意义，经常应用在机器设备维修、逆向工程等技术中。

1. 注射模测绘的总步骤

1）在拆卸模具前，先分析模具结构，明确所测绘模具的基准件和基准面。

2）在拆卸模具前或拆卸过程中，需要测量一些重要的尺寸，如装配尺寸、总体尺寸（长×宽×高）、性能（规格）尺寸、安装尺寸及其他尺寸。装配尺寸中具体包含有模具零部件连接的接合面的位置尺寸以及定位销、连接螺栓、镶块、抽芯及顶出机构、锁紧机构的相互位置尺寸。

3）绘制模具装配结构示意图。

4）测绘注射模零件草图。

5）绘制注射模平面装配图。

6）由注射模平面装配图拆画零件图。

2. 绘制注射模具装配结构示意图

模具装配结构示意图通常表达零件的相互位置、连接方式和装配关系等。对于零件较多的装配体，为了便于装配，通常需要绘制装配示意图，同时也能为绘制模具装配图打好基础。

3. 测绘注射模零件草图

对所有非标准零件，均要绘制零件草图及零件图。零件草图应包括零件图所有内容，然后根据模具零件草图绘制模具零件图。

草图及零件图绘图步骤：

1）分析零件，选取最佳表达方案。

2）根据选定的表达方案，选定比例、布置图面、画好各视图的基准线。

3）绘制零件图中的视图。

4）选择尺寸标注的基准，画出尺寸界线和尺寸线。

5）对零件图进行尺寸标注和填写技术要求及标题栏。

6）检查、校核零件草图及零件图。

因为测绘是在拆装现场进行的，所绘草图不一定完整，所以要对零件草图进行检查、校核，同时要处理测绘数据：

1）对所测得的尺寸数据，要参照相关标准尺寸进行圆整。

2）有配合的地方应根据该处配合要求，确定公称尺寸及公差；模具的凸、凹模刃口尺寸（冲压模），型芯、型腔尺寸（注射模），应根据相应的计算公式进行核算，对于一般尺寸和外形尺寸要标注完整，根据要求标注公差或自由公差（不标）。

3）对于标准件的规格，要查阅有关标准进行选取。

4. 绘制注射模平面装配图

注射模总装配图的布局如图2-7所示。

绘制注射模装配图时，绘图标准依照机械制图的相关标准绘制，但有如下需要注意的事项：

1）模具装配图中的视图表达：绘制模具装配图的主视图时，常采用全剖；

绘制模具装配图的俯视图时，一般分模后，移走定模，绘制动模的俯视图。

2）模具装配图中的塑件图：塑件在视图中通常采取非金属材料的剖面符号填充表示；塑件图是最终成型后所得塑件的图形，一般画在总装配图右上角，并标注尺寸及厚度，注明材料名称；塑件图的比例一般与模具装配图一致，特殊情况可更改比例并需注明。

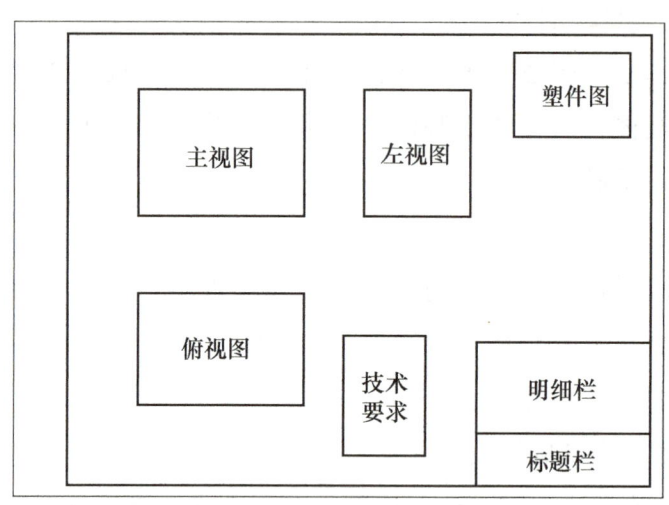

图 2-7　注射模总装配图的布局

5. 由注射模平面装配图拆画零件图

由装配图拆画零件图，简称拆图，它是在看懂装配图的基础上进行的。拆图工作分两种类型：一种是新设计中的拆图，另一种是实际装配体进行测绘中的拆图。新设计中的拆图只能依据装配图进行。实际装配体进行测绘中的拆图，可根据画好后的装配图和零件草图进行。

【课题实施】

该课题的实施可参考表 2-2 中的流程完成。

一、分析模具结构

该套模具为单分型面注射模，浇口类型为潜伏浇口，即潜水口。该模具在开模时，不仅能自动切断浇口，而且浇口的位置可设在制品的侧面、端面或背面等，使制品外表面无浇口痕迹。采用潜水口模具结构，可将双分型面模具结构简化成单分型面模具结构，一模两腔，分流道与产品自动分离。模具依靠导柱、导套进行开合模导向定位。推出机构采用的是最简单、最常见的推杆脱模机构。

表 2-2　课题实施流程

序号	课题流程	学时分配
1	学习相关知识	1
2	分析模具结构	1
3	分析模具工作过程	
4	测绘模具	8
5	分析模具零件结构与功能	3
6	装配模具	6
7	课题评价与鉴定	1
	小计	20

二、分析模具工作过程

如图 2-1 所示，该模具的工作过程：开模时，模具从动、定模分型面处分开，塑件包在型芯 13 上随动模一起后退，同时拉料杆 25 将浇注系统凝料从浇口套 10 中拉出，随动模部分一起移动而脱离型腔 12。移动一段距离后，当注射机的顶杆接触推板 1 时，推出机构开始动作，推杆 15 和拉料杆 25 分别将塑件和浇注系统凝料从型芯 13 和冷料穴中推出，塑件与浇注系统凝料一起从模具中落下，至此完成一次注射过程。合模时，在导柱 17 和导套 16 的导向定位下，动、定模闭合。在合模过程中，定模板 6 的分型面反压复位杆 5，使推出机构复位，模具顺利闭合，准备下一次注射。

该模具的运动过程：闭合状态→开模→推杆顶出产品→移出产品→推杆复位→合模。模具工作过程如图 2-8 所示。

三、测绘模具

1. 绘制注射模装配结构示意图

帽盖潜水口单分型面注射模装配结构示意图如图 2-1 所示。

2. 测绘注射模零件草图

根据相关知识中注射模零件图测绘的方法和要求进行测绘。本课题为测量实训，需要测绘者绘出非标准零件草图 4 张及其零件图 4 张。因实际装配体进行测绘中的零件图与零件草图内容一致，本书只列出二维软件绘制的零件图，如图 2-10~图 2-13 所示。

视频 2-2　帽盖潜水口单分型面注射模工作过程

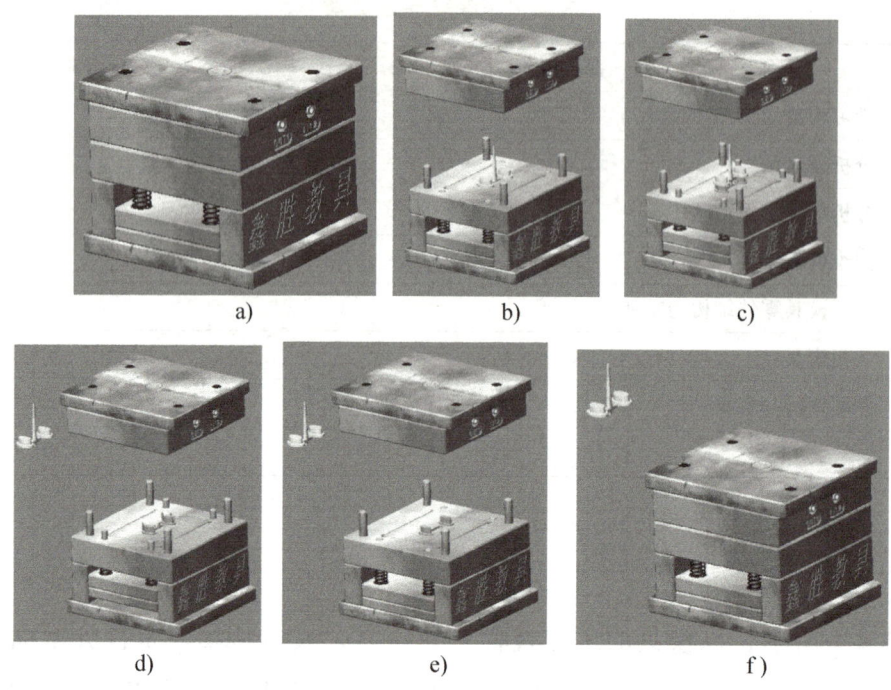

图 2-8 模具工作过程

3. 绘制注射模平面装配图

帽盖潜水口单分型面注射模装配图如图 2-9 所示。

4. 由注射模平面装配图拆画零件图

图 2-10~图 2-13 所示为帽盖潜水口单分型面注射模拆画后的部分零件图。其中，标题栏省略，标题栏画法按机械制图中的规定进行绘制。

四、分析模具零件结构与功能

结合模具装配图及模具实物模型，认识各零件的结构、功能及数量，见表 2-3。

五、装配模具

在实训课中，装配已拆卸的帽盖潜水口单分型面注射模。观察该套模具的实际结构，结合模具装配图，按装配要求及相关零件的配合关系（表 2-4）正确装配模具。拟定装配顺序，以"先拆的零件后装，后拆的零件先装"为一般原则指定装配顺序。本套模具按拟定的动模装配→定模装配→合模顺序，将全部模具零件装回原来的位置，可依据表 2-5 中的顺序进行装配。注意正反方向钢印标识，防止漏装。

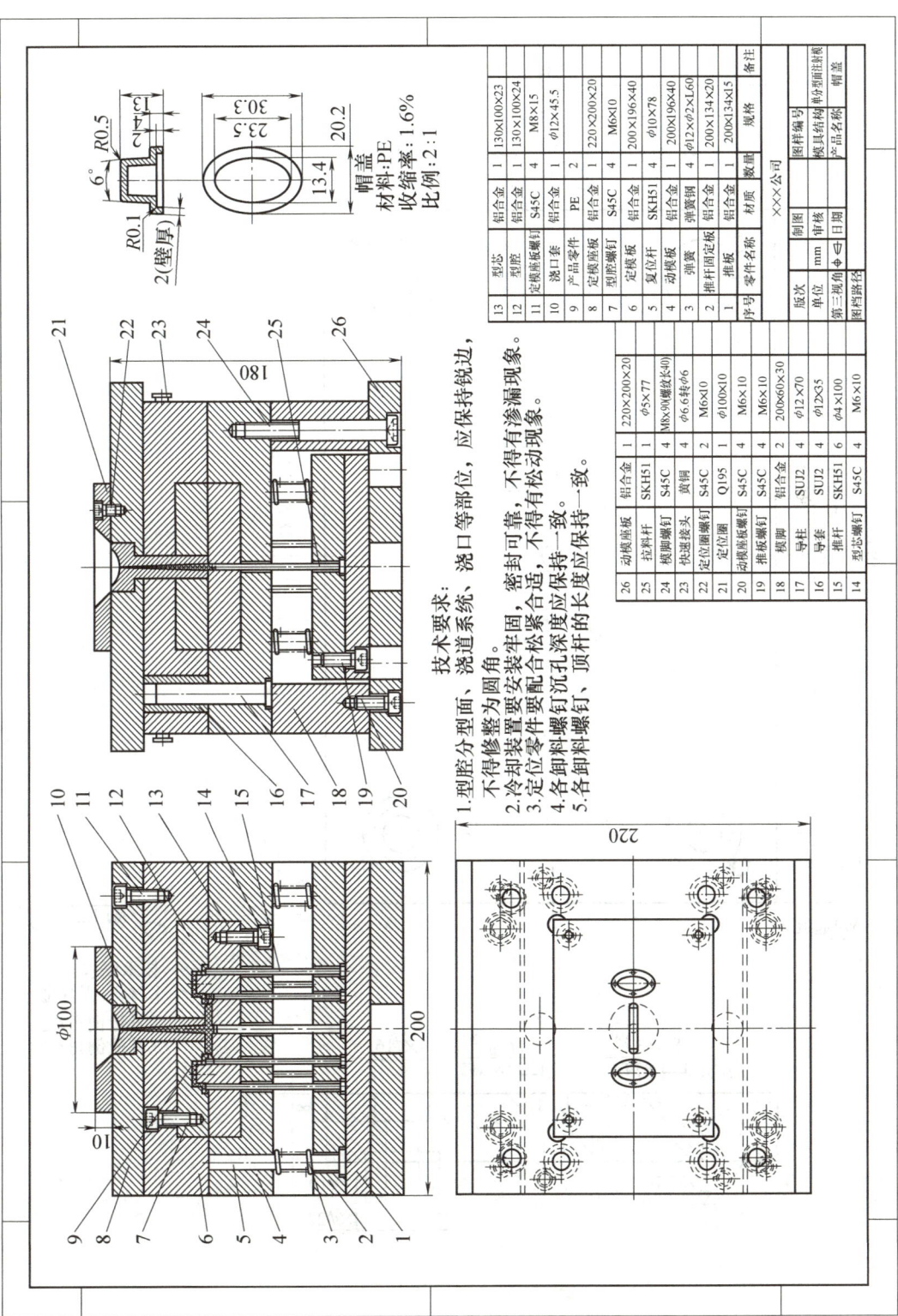

图 2-9 帽盖潜水口单分型面注射模装配图

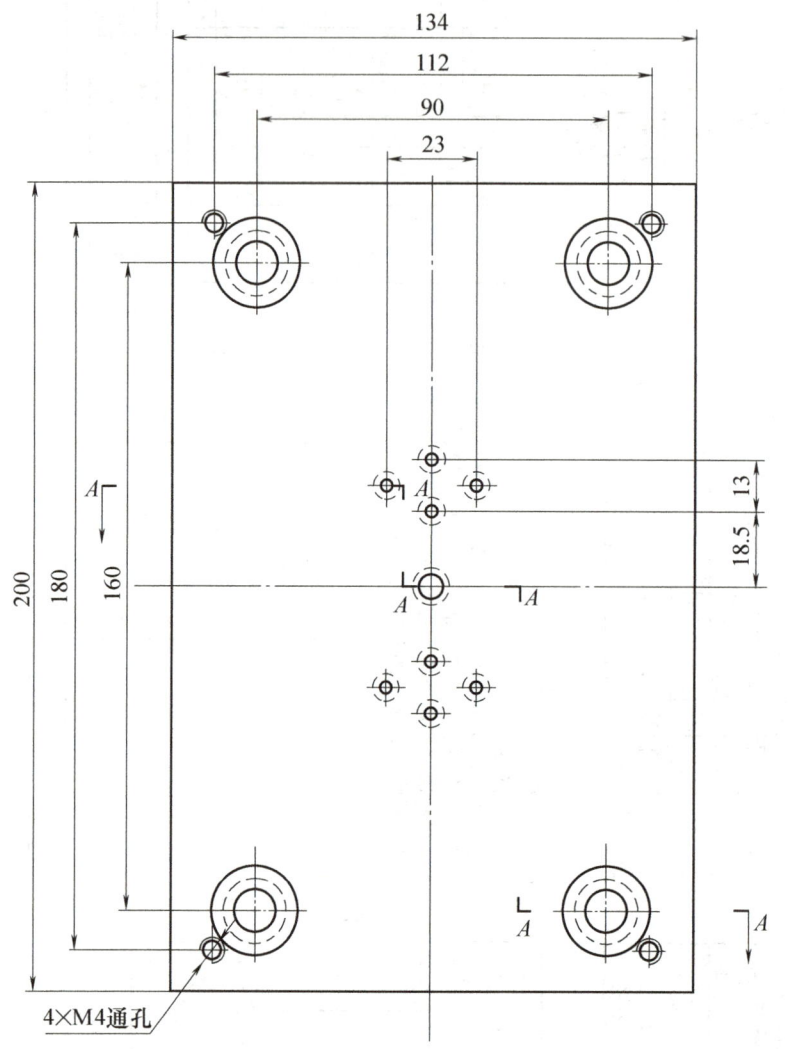

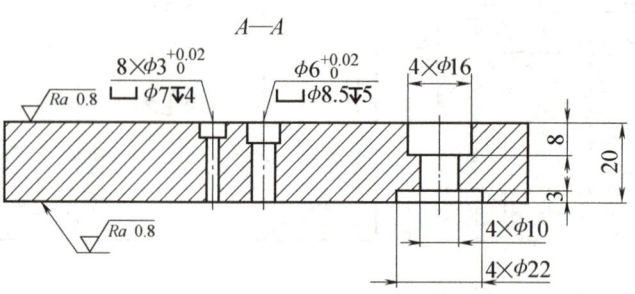

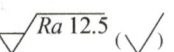

技术要求：
1. 材料：铝合金。
2. 外边倒角 C2。
3. 其他倒角 C1。

图 2-10　推杆固定板

单元二 模具测绘与装配

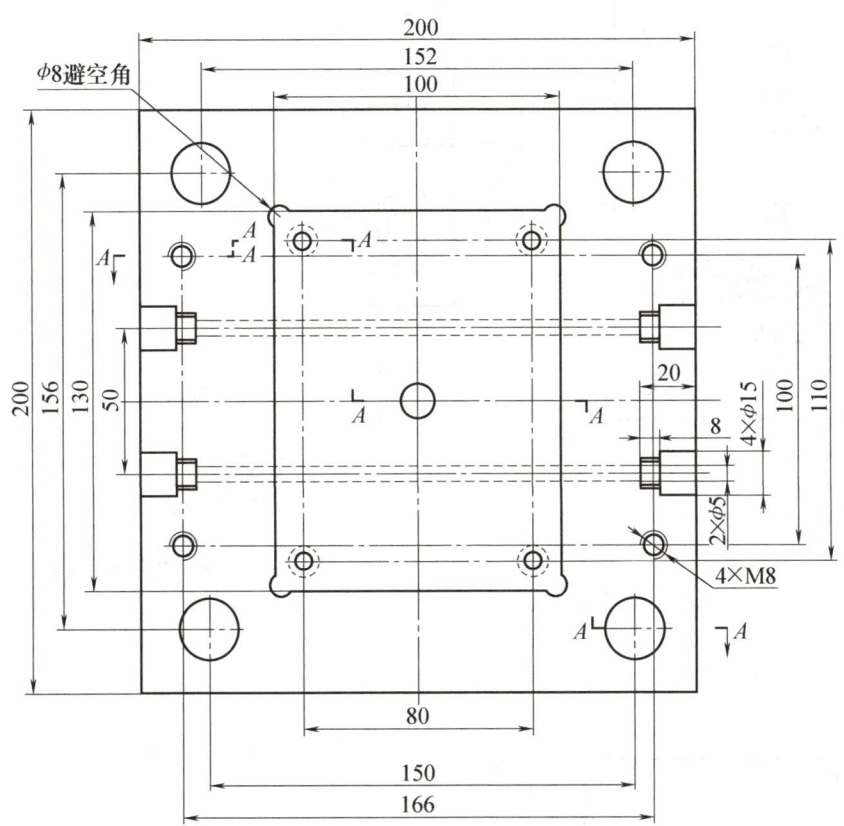

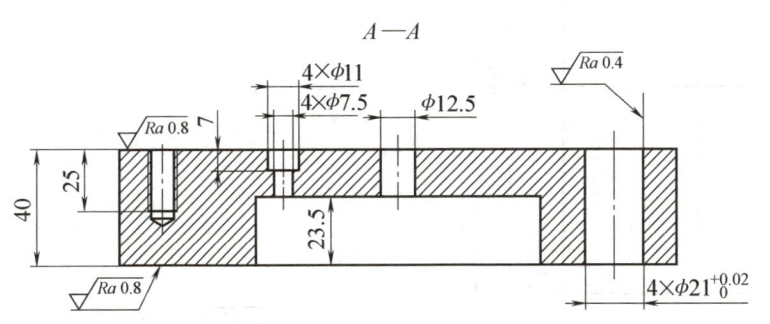

图 2-11 定模板

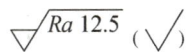

技术要求：
1. 材料：铝合金。
2. 外边倒角C2。
3. 其他倒角C1。

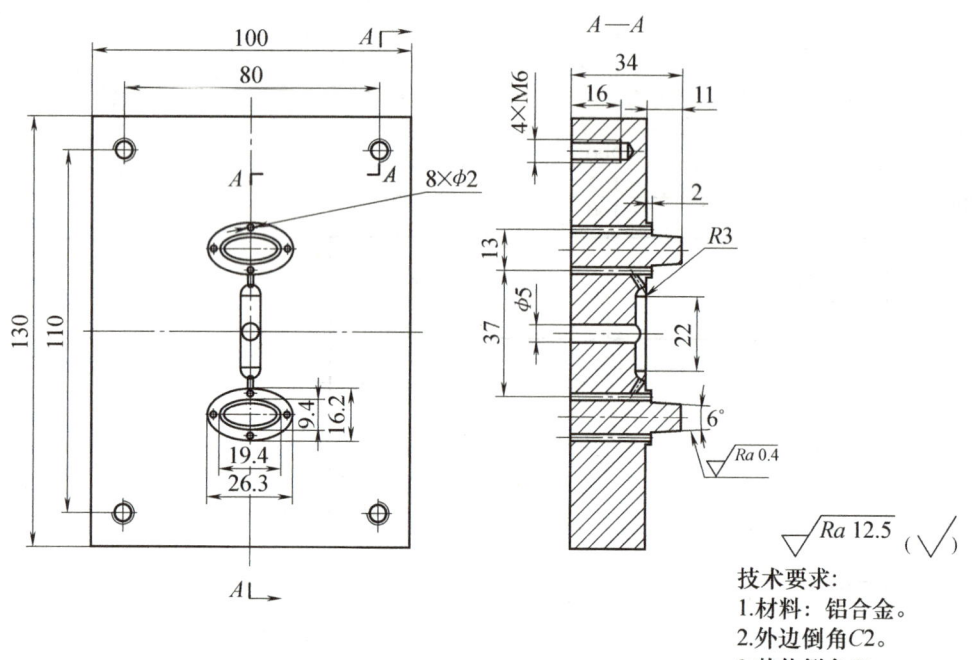

技术要求:
1. 材料:铝合金。
2. 外边倒角C2。
3. 其他倒角C1。
4. 潜伏浇口用φ1.5钻穿2×56°。

图 2-12　型芯

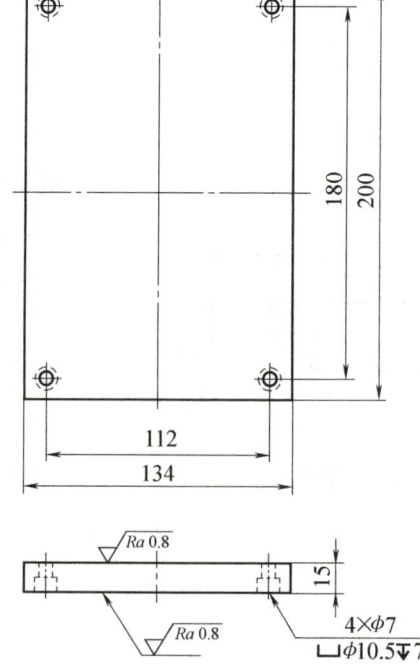

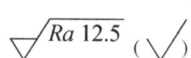

技术要求:
1. 材料:铝合金。
2. 外边倒角C2。
3. 其他倒角C1。

图 2-13　推板

表 2-3 帽盖潜水口单分型面注射模各零件的结构、功能及数量

分类	零件名称	零件序号	零件图示	零件功能	零件数量	备注
成型零件	型芯	13	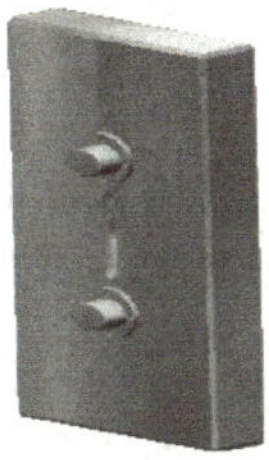	成型塑件内表面的凸形零件	1	又称凸模
成型零件	型腔	12	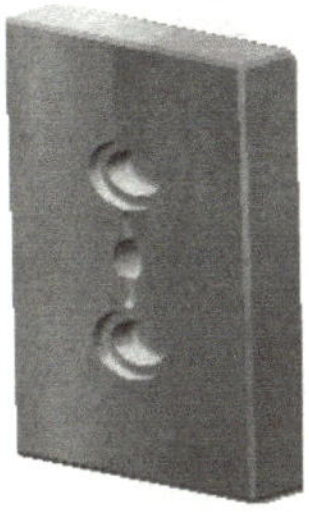	成型塑件外表面的凹形零件	1	又称凹模
浇注系统	定位圈	21		使注射机喷嘴与模具浇口套对中,决定模具在注射机上安装位置的零件	1	又称定位环
浇注系统	定位圈螺钉	22		紧固、连接	2	
浇注系统	浇口套	10		熔融塑料从注射机喷嘴进入模具型腔所流经的通道	1	又称唧咀或主流道衬套
导向机构	导柱	17	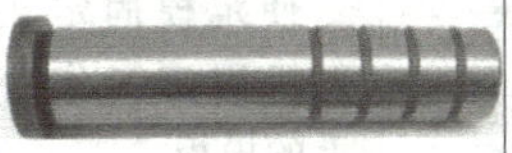	导柱与导套相配合,用以确定动、定模的相对位置,保证模具运动导向精度的圆套形零件	4	不可拆卸
导向机构	导套	16	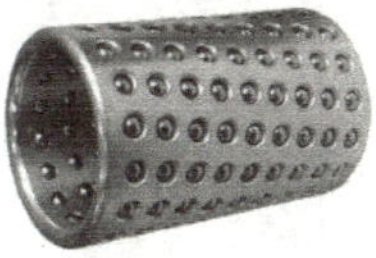	导柱与导套相配合,用以确定动、定模的相对位置,保证模具运动导向精度的圆套形零件	4	不可拆卸
推出机构	推杆	15		推出塑件	6	又称顶针、顶杆
推出机构	推板螺钉	19		紧固、连接	4	

(续)

分类	零件名称	零件序号	零件图示	零件功能	零件数量	备注
推出机构	推板	1		支承推出和复位零件,直接传递推出力的零件	1	又称推杆底板
推出机构	推杆固定板	2	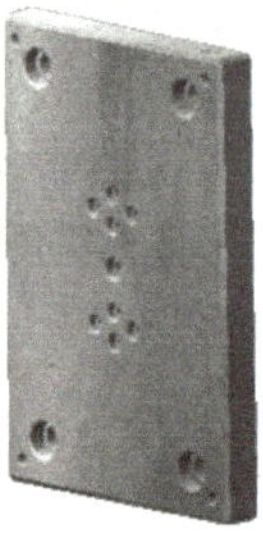	用来固定推杆和复位杆	1	又称顶杆固定板、顶出板
推出机构	复位杆	5		借助模具的闭合动作,使推出机构复位的杆件	4	又称回程杆
推出机构	拉料杆	25		在开模时从浇口套内拉出主流道凝料,便于与注射机喷嘴分离	1	此模具是浇口拉料杆
推出机构	弹簧	3		提供弹力	4	
支承零件	定模座板	8	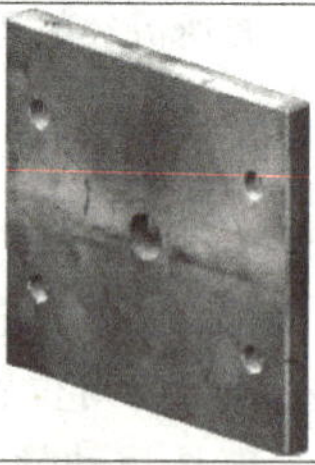	使定模固定在注射机固定工作台面上的模板	1	又称定模底板
支承零件	定模板	6		固定型腔	1	又称型腔固定板
支承零件	定模座板螺钉	11		紧固、连接	4	

（续）

分类	零件名称	零件序号	零件图示	零件功能	零件数量	备注
支承零件	型腔螺钉	7		紧固、连接	4	
	动模座板	26		使动模固定在注射机移动工作台面上的模板	1	又称动模底板
	动模板	4		固定型芯	1	又称型芯固定板
	模脚	18		调节模具闭合高度，形成推出机构所需要的推出空间的块状零件	2	又称垫块
	模脚螺钉	24		紧固、连接	4	
	动模座板螺钉	20		紧固、连接	4	
	型芯螺钉	14		紧固、连接	4	
其他	快速接头	23		水路快速接头是与外置水管相连的装置，水管通过快速接头把冷却水通向模具中，以达到冷却目的	4	属于温度调节系统，也称水嘴
	产品零件	9	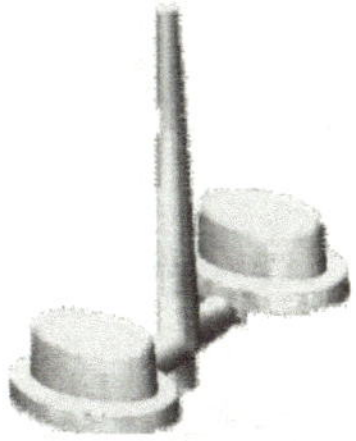	模具注射成型的塑件	2	一模两腔

动、定模合模时要先弄清动、定模的相互正确位置，合模前导柱、导套应涂以润滑油，动、定模应保持平行，使导柱平衡直入导套，严禁强行敲击，以免位置错误损坏型芯或击出导套。

观察装配后的模具和拆卸前的是否一致，检查是否有错装和漏装。

表 2-4 相关零件的配合关系

配合部位	配合关系	配合状态	可否拆卸
型腔与定模板	H7/m6 或 H7/n6	过渡配合	可拆卸
型芯与动模板	H7/m6 或 H7/n6	过渡配合	可拆卸
浇口套与模板	H7/k6、H7/m6 或 H7/n6	过渡配合	可拆卸
导柱与动模板	H7/k6	过渡配合	不可拆卸
直导套与定模板	H7/n6	过渡配合	不可拆卸
导柱与导套	H7/f7	间隙配合	可拆卸
推杆、拉料杆与型芯	H7/f9	间隙配合	可拆卸

视频 2-3 帽盖潜水口单分型面注射模在德立天虚拟工厂拆装软件中的装配过程

帽盖潜水口单分型面注射模装配步骤见表 2-5。表 2-5 中的图示为在德立天虚拟工厂拆装软件中的装配效果图。

表 2-5 帽盖潜水口单分型面注射模装配步骤

步骤		操作过程	图示
整套模具拆卸后的零件摆放全图			
装配动模	动模板 4、型芯 13 组件	放置好动模板 4	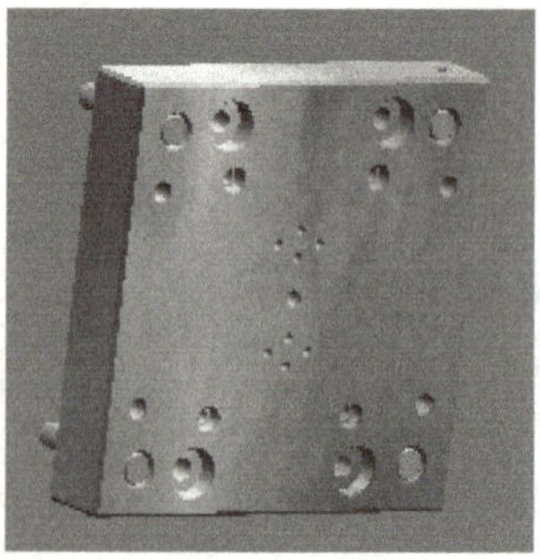

（续）

步骤		操作过程	图示
装配动模	动模板 4、型芯 13 组件	用铜棒轻敲,将型芯 13 安装在动模板 4 内,放置好型芯 13	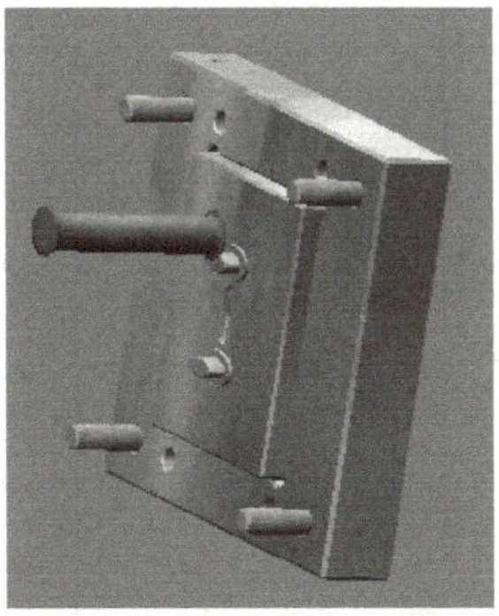
		装配型芯螺钉 14	
	脱模机构组件	放置好推杆固定板 2	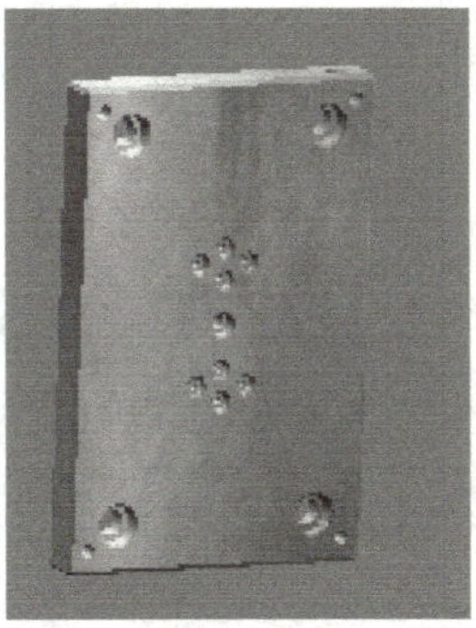
		装配复位杆 5	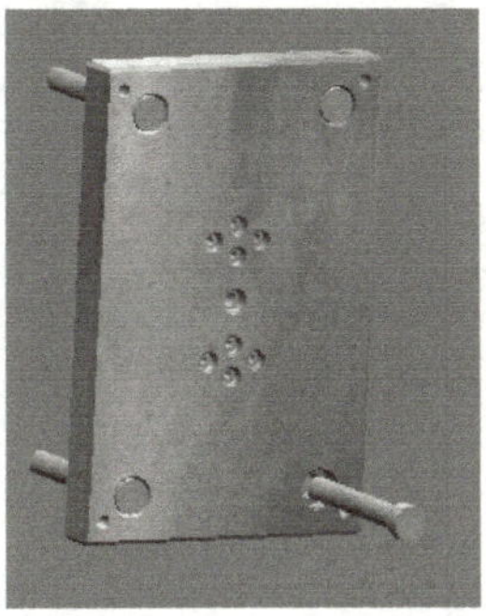

（续）

步骤		操作过程	图示
装配动模	脱模机构组件	装配推杆 15	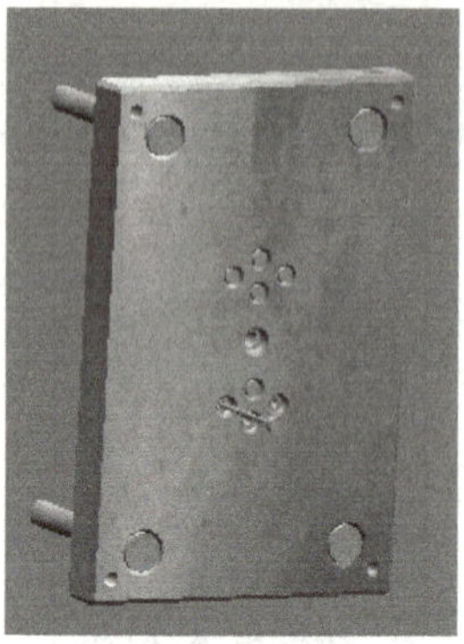
		装配拉料杆 25	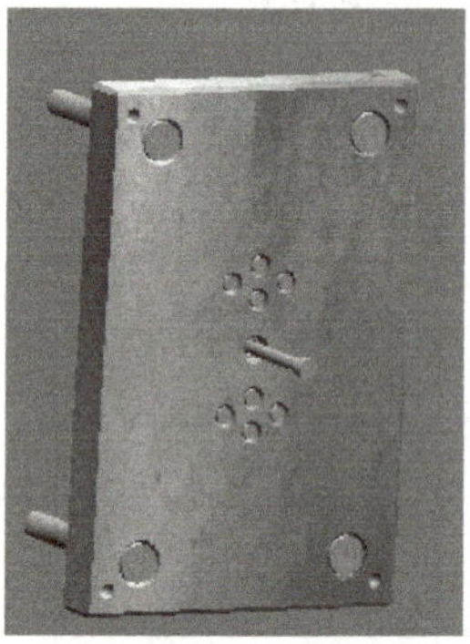
		装配推板 1	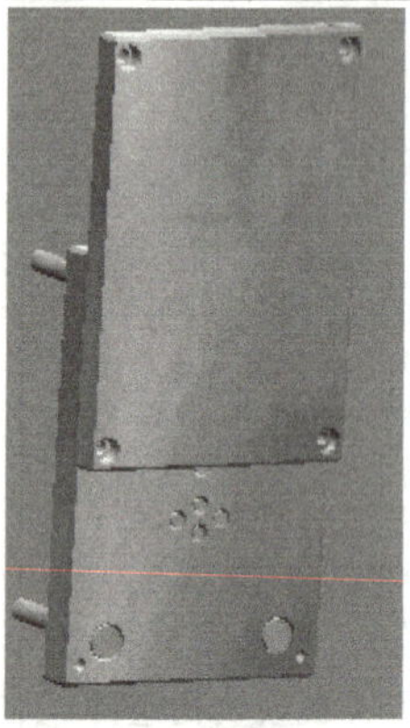
		装配推板螺钉 19	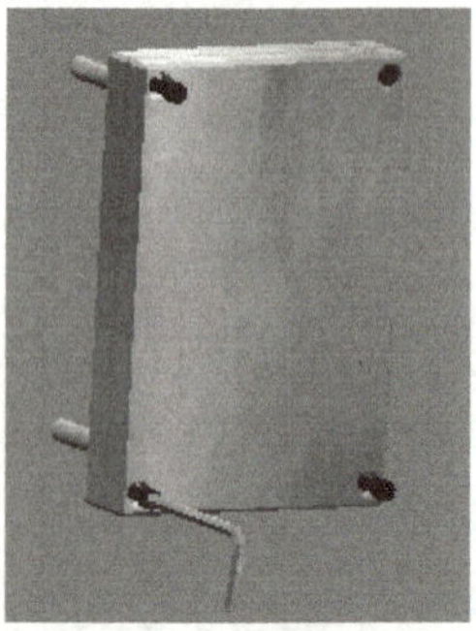

（续）

步骤		操作过程	图示
装配动模	脱模机构组件	装配弹簧 3	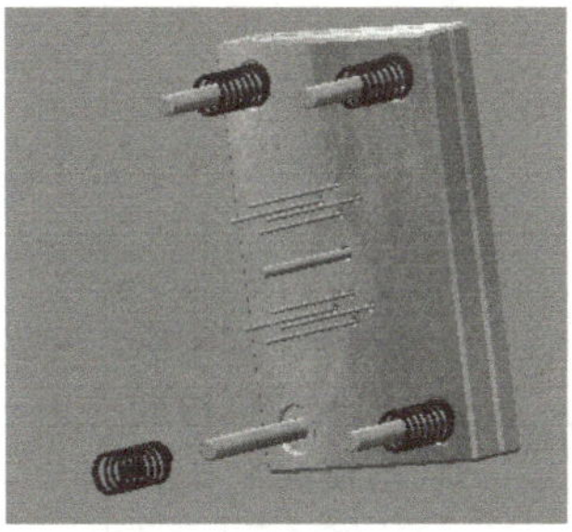
	动模座板 26、模脚 18、脱模机构组件、动模板 4	装配脱模机构组件	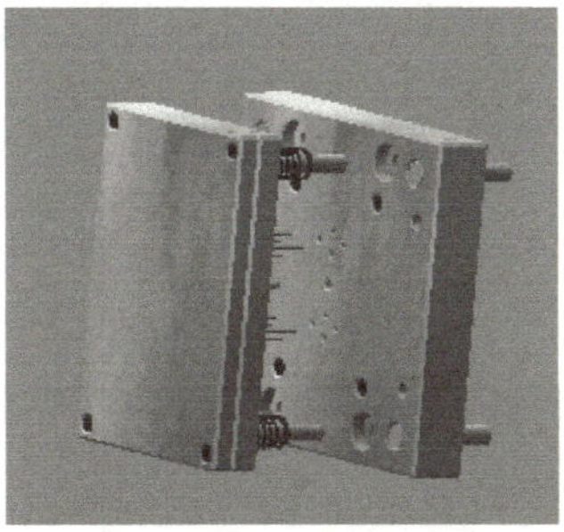
		装配模脚 18	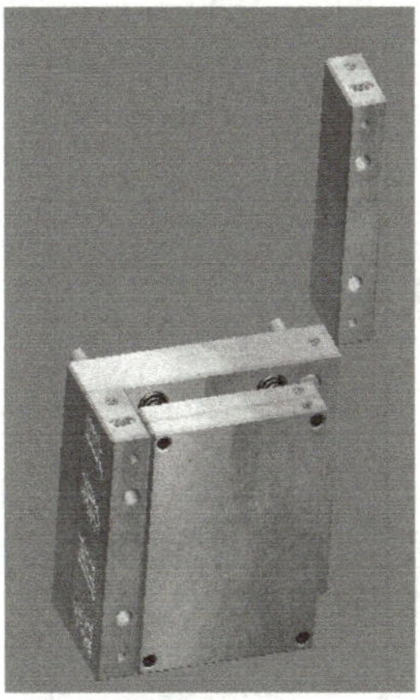
		放置好动模座板 26	

（续）

步骤		操作过程	图示
装配动模	动模座板 26、模脚 18、脱模机构组件、动模板 4	装配模脚螺钉 24	
		装配动模座板螺钉 20	
装配定模	定模板 6、型腔 12 组件	放置好型腔 12 和定模板 6	
		用铜棒轻敲，装配型腔 12	
		装配型腔螺钉 7	

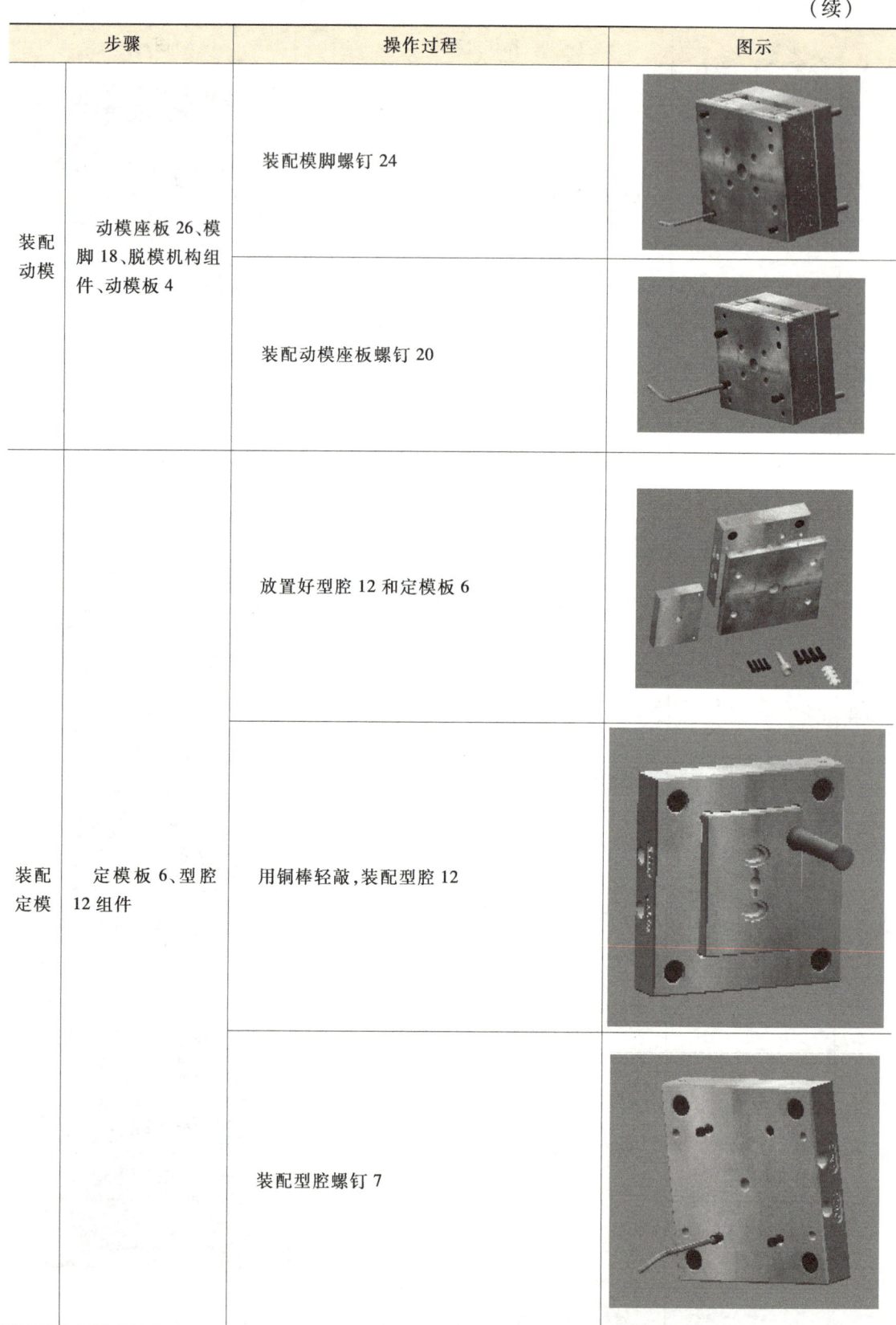

（续）

步骤		操作过程	图示
装配定模	快速接头23	装配快速接头23	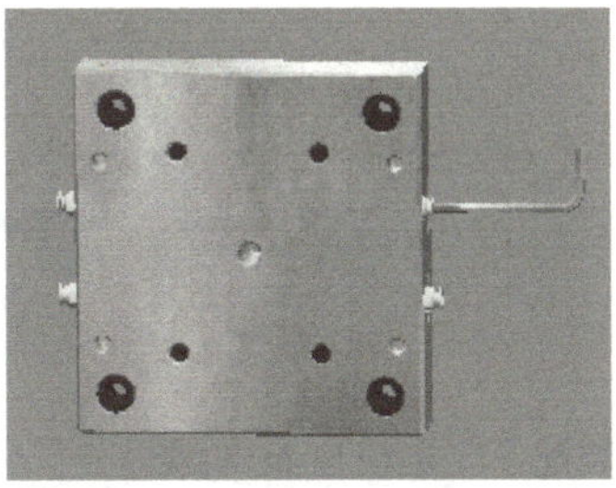
	定模座板8、浇口套10组件	装配定模座板8	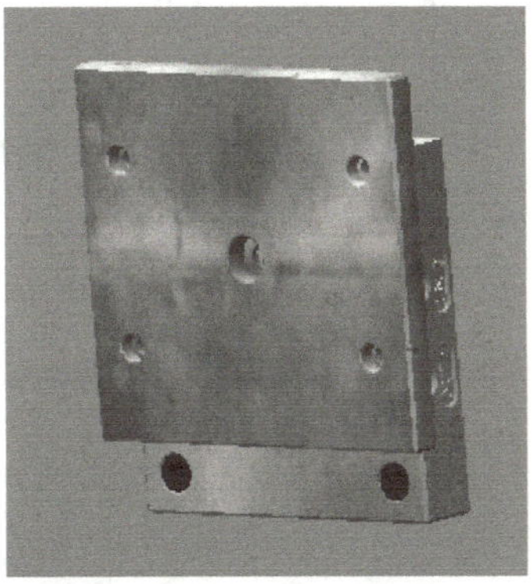
		装配浇口套10	
		用铜棒敲打浇口套10	
		拧好定模座板螺钉11	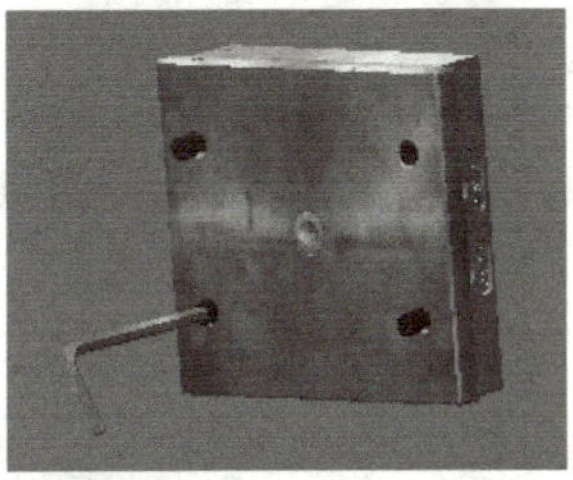

（续）

步骤		操作过程	图示
装配定模	定模座板8、浇口套10组件	装配定位圈21	
		装配定位圈螺钉22	
合模		动、定模侧合模	
		用铜棒敲打定模座板四周,将动、定模侧合模,要求受力均匀	
		旋转模具	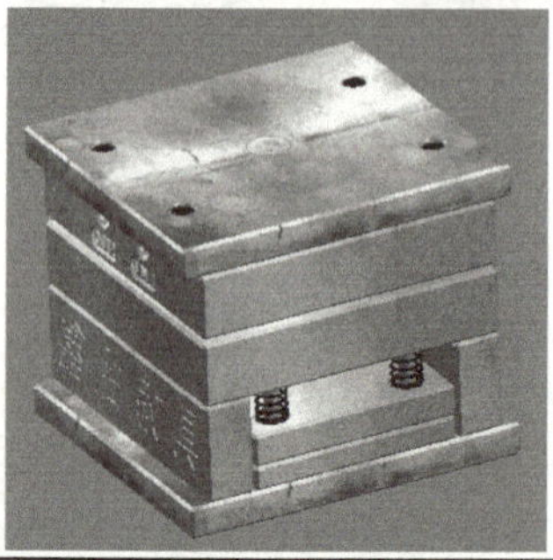

【课题评价与鉴定】

1. 课题评价

评价等级分为 A（90~100 分）、B（80~89 分）、C（70~79 分）、D（60~69 分）、E（0~59 分）五个等级。综合评价表见表 2-6。

表 2-6 综合评价表

姓名				评定等级		总分			
课题	序号	评价内容	评价标准		配分	小组互评 50%	教师评价 50%	单项总分
单分型面注射模的测绘与装配	1	分析模具结构(3分)	能正确读装配示意图并进行分析		3分			
	2	分析模具工作过程（5分）	准确简述模具工作过程		5分			
	3	测绘模具（40分）	上交零件图 4 张,每图 8 分		32分			
			上交装配图 1 张		8分			
	4	模具零件结构与功能分析(14分)	正确找出各零件与装配图中的对应关系,错 1 个扣 1 分		4分			
			正确说出每个零件的功能,错 1 个扣 1 分		10分			
	5	装配模具（26分）	装配顺序正确,错 1 次扣 1 分		10分			
			动作规范,错 1 次扣 1 分		10分			
			无剩余零件		2分			
			装配时间 15min,超 1min 扣 2 分		4分			
	6	纪律（4分）	不迟到、不早退、不旷课		2分			
			服从安排,遵守安全操作规程,文明装配,零件摆放整齐,场地干净		2分			
	7	小组合作（8分）	成员之间交流、沟通、合作效果好		8分			

2. 课题学习情况鉴定

学习情况鉴定表详见表 2-7。

表 2-7　学习情况鉴定表

自我鉴定	本课题同学们有哪些收获？ 学生签名： 　　年　　月　　日
指导教师 鉴定	 指导教师签名： 　　年　　月　　日

【思考与练习】

一、填空题

1. 帽盖潜水口单分型面注射模的运动过程：_____、_____、_____、_____、_____。

2. 绘制模具装配图的主视图时，常采用_____视图。

3. 绘制模具装配图的俯视图时，一般分模后，移走定模，绘制_____。

4. 导向机构包括_____和_____。

5. 浇口又称进料口，它是_____与_____之间的狭小通口。

6. 常用的浇口形式有_____、_____、_____、_____。

7. 侧浇口又称_____，一般开设在_____上。

8. 侧浇口截面形状简单，加工容易，主要用于_____的_____型腔模具。

9. 点浇口的截面面积小，流动阻力_____。

10. 潜伏浇口又称_____，由_____演变而来。

二、判断题

1. 导柱和导套是过盈配合。　　　　　　　　　　　　　　　　　　　　（　　）

2. 浇口套与模板为间隙配合。　　　　　　　　　　　　　　　　　　　（　　）

3. 塑件在视图中通常采取非金属材料的剖面符号填充表示。（ ）

4. 型芯和型腔为成型零件。（ ）

5. 复位杆又称回程杆。（ ）

6. 推杆又称顶针。（ ）

7. 直接浇口的浇口处固化快，注射成型周期短，适用于任何塑料。（ ）

8. 直接浇口的浇口处容易出现裂纹或翘曲变形。（ ）

9. 侧浇口截面形状简单，主要用于中小型塑件的单型腔模具。（ ）

10. 点浇口常用于成型各种壳类、盒类的热塑性塑件。（ ）

三、简答题

1. 根据图2-14所示帽盖潜水口单分型面注射模装配结构示意图，写出各部分的名称。

2. 简述帽盖潜水口单分型面注射模的工作过程。

3. 简述帽盖潜水口单分型面注射模的拆卸过程。

4. 简述帽盖潜水口单分型面注射模的装配过程。

5. 简述浇口的作用。

6. 推出机构包含哪些零件？

7. 简述推杆固定板的作用。

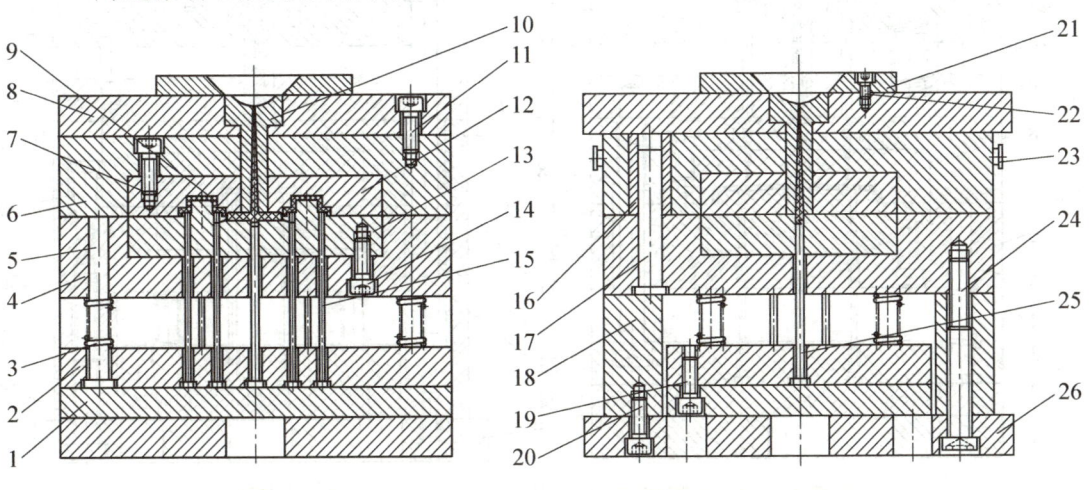

图2-14 帽盖潜水口单分型面注射模装配结构示意图

2—_____ 4—_____ 5—_____ 6—_____ 7—_____
8—_____ 9—_____ 10—_____ 11—_____ 12—_____
13—_____ 15—_____ 16—_____ 17—_____ 18—_____
21—_____ 22—_____ 23—_____ 25—_____ 26—_____

课题二 双分型面注射模的测绘与装配

【学习目标】

知识目标	1. 掌握双分型面注射模的零件结构组成、功能及相互配合关系 2. 掌握模具拆装的一般步骤和方法 3. 用二维绘图软件绘制双分型面注射模的非标准零件零件图 4 张，装配图 1 张
技能目标	1. 会识读模具装配图 2. 会画装配图及拆画零件图 3. 能正确地使用模具拆装及测绘中的工量具
素养目标	1. 具有安全文明生产和遵守操作规程的意识 2. 具有人际交往和团队协作的能力

【课题描述】

要生产制造出优质的模具，在模具装配环节就必须有合理的装配工艺，并且由技术水平熟练的模具钳工来完成。同时，模具测绘是模具技术人员必须要掌握的基本技能。通过本课题测绘并装配如图 2-15 所示的玩具手机壳双分型面注射模，来实现双分型面注射模测绘、装配方面知识与技能的融合贯通。

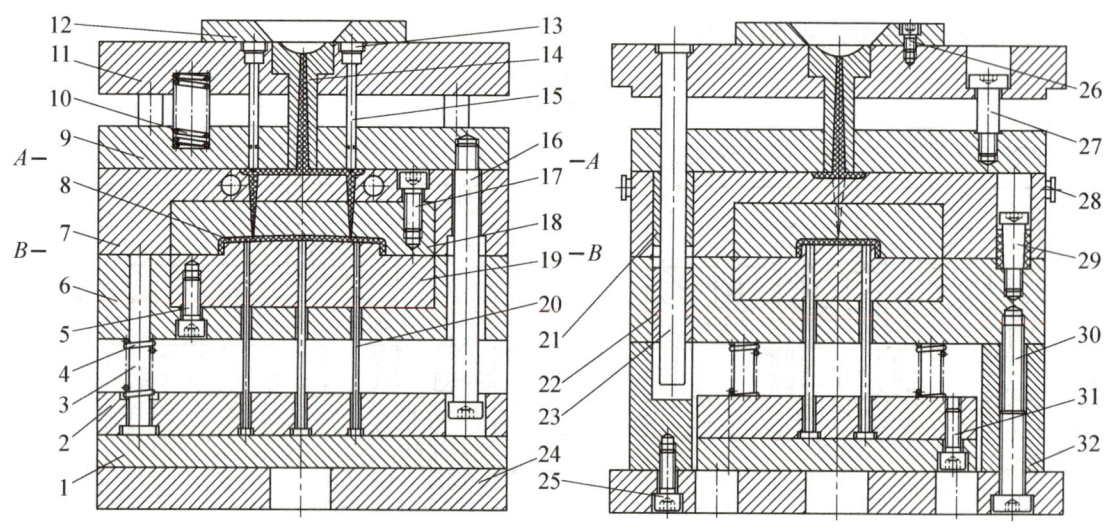

图 2-15 玩具手机壳双分型面注射模装配结构示意图

1—推板 2—推杆固定板 3—复位杆 4、10—弹簧 5—型芯螺钉 6—动模板 7—定模板 8—产品零件
9—中间板 11—定模座板 12—定位圈 13—无头螺钉 14—浇口套 15—拉料杆 16、27—塞打螺钉
17—型腔螺钉 18—型腔 19—型芯 20—推杆 21—定模导套 22—动模导套
23—导柱 24—动模座板 25—动模座板螺钉 26—定位圈螺钉 28—快速接头
29—尼龙胶塞螺钉 30—模脚螺钉 31—推板螺钉 32—模脚

玩具手机壳双分型面注射模实物效果图如图 2-16 所示。

图 2-16　玩具手机壳双分型面注射模实物效果图

完成该课题需要准备的实训物品清单见表 2-8。

表 2-8　实训物品清单

序号	实训资源	种类	数量	备注
1	注射模	双分型面注射模实物模型	1 副/组	玩具手机壳双分型面注射模实物模型
2	辅助软件	德立天虚拟工厂软件（或其他拆装软件）	1 套/人	
3	拆装工具	内六角扳手	1 套/组	
		铜棒或橡胶锤	1 把/组	
		平行垫铁	2 块/组	
		长销子	1 个/组	
		短销子	1 个/组	
4	量具	0~150mm 游标卡尺	1 把/组	
		0~100mm 外径千分尺	1 把/组	
		内径千分尺	1 把/组	
		百分表	1 块/组	
5	绘图工具	常用绘图工具	1 套/人	包括图板、绘图铅笔、丁字尺、三角板、圆规、橡皮等）
6	图纸	A3	1 张/组	
		A4	8 张/组	

【相关知识】

在模具中,用于取出塑件和(或)浇注系统凝料的可分离的接触表面称为分型面。分型面是决定模具结构形式的一个重要因素,它与模具的整体结构、浇注系统的设计、塑件的脱模和模具的制造工艺等均有关。一套注射模中可能只有一个分型面,也可能有两个或两个以上的分型面(也叫多分型面)。在两个或两个以上的分型面中,把脱模时取出塑件的分型面称为主分型面,其他的称为辅分型面。

1. 分型面的标注

在模具装配图中,分型面通常采用如下的方法进行标注:

当模具分型时,若分型面两边的模板都做移动,用"←|→"表示;若其中一方不动,另一方做移动,用"|→"表示,箭头指向移动的方向;多个分型面应按分型的先后次序,标示出"A""B""C"等。

2. 分型面的形状

常见分型面的形状如图 2-17 所示。其中,图 2-17a 所示为平直分型面;图 2-17b 所示为倾斜分型面;图 2-17c 所示为阶梯分型面;图 2-17d 所示为曲面分型面;图 2-17e 所示为垂直分型面,也称瓣合分型面。

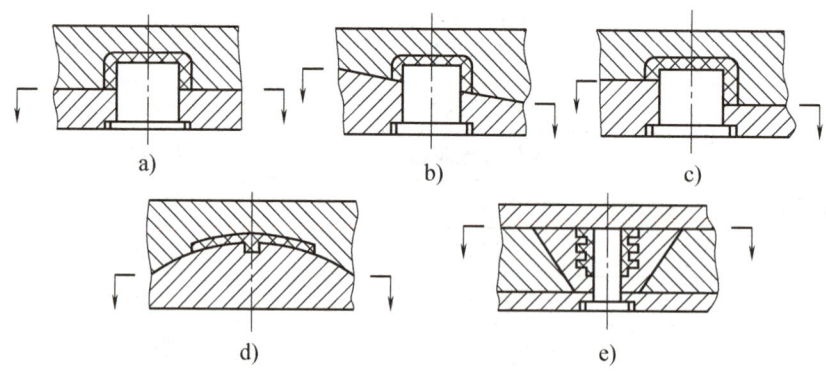

图 2-17 常见分型面的形状

3. 单分型面注射模

开模时,动模和定模分开从而取出塑件,这种模具称为单分型面模具,又称双板式模具。单元二课题一中介绍的即为单分型面模具。

单分型面注射模是注射模中最简单、最基本的一种形式。它根据需要可以设计成单型腔注射模,也可以设计成多型腔注射模,是应用最广泛的一种注射模。

4. 双分型面注射模

双分型面注射模有两个分型面，一个分型面分型后浇注系统凝料由此分型面脱出；另一个分型面分型后塑件由此分型面脱出。与单分型面注射模相比较，双分型面注射模在定模部分增加了一块可以局部移动的中间板，所以也称三板式注射模，它常用于点浇口进料的单型腔或多型腔的注射模具。开模时，中间板在定模的导柱上与定模板做定距离分离，以便在这两个模板之间取出浇注系统凝料。

双分型面模具有以下优点：

1）提高熔体的剪切速率，提高熔体的流动性，有利于充模，浇口痕迹小、容易修整，浇口位置能较自由地选择。

2）应用广泛，它的顶出面积大，产品质量稳定，效率高，浇口与塑件能自动分离。

双分型面注射模的缺点是结构复杂，制造成本较高，零部件加工困难，一般不用于大型或特大型塑料制品的成型。

【课题实施】

该课题的实施可参考表 2-9 中的流程完成。

表 2-9　课题实施流程

序号	课题流程	学时分配
1	学习相关知识	
2	分析模具结构	1
3	分析模具工作过程	
4	测绘模具	8
5	分析模具零件结构与功能	3
6	装配模具	6
7	课题评价与鉴定	1
	小计	19

一、分析模具结构

该套模具为双分型面注射模，浇口为截面形状小如针点的浇口，也称之为针点浇口。该模具通常称为三板模或小水口模。双分型面注射模成型表面粗糙度值要求小，精度要求高，生产批量大，生产不允许有顶杆顶出痕迹的塑件。

本套模具结构为一模一腔，成型产品为玩具手机壳，尺寸为 83mm×40mm×9mm，总质量为 50g，采用两点进浇。

二、分析模具工作过程

该模具的工作过程：开模时，注射机开合模系统带动除定模座板 11 的模具部分后移，由于弹簧 10 的作用，模具定模座板 11 和中间板 9 分离，固定在中间板 9 上的塞打螺钉 27 与定模座板 11 接触，使中间板 9 停止移动，主流道凝料从主流道浇口套 14 中拉出。动模和定模板 7 在尼龙胶塞螺钉 29 的作用下一起继续后移，同时，A—A 分型面（浇注系统凝料脱落面）分型。固定在中间板 9 上的塞打螺钉 16 与定模板 7 接触，使定模板 7 停止移动。动模部分继续后移，在 B—B 分型面（塑件脱落面）分型。因塑件包紧在型芯 19 上，这时浇注系统凝料在拉料杆 15 的拉力作用下，在浇口处自行拉断，并且在 A—A 分型面之间自行脱落或由人工取出。动模继续后移，当注射机的顶杆接触模具推板 1 时，推出机构开始工作，推杆 20 在注射机顶杆的推动下将塑件从型芯 19 上推出，塑件在 B—B 分型面之间自行落下。至此，完成一次注射过程。合模时，在导柱 23、定模导套 21 和动模导套 22 的导向定位下，动、定模闭合。在合模过程中，定模板 7 的分型面反压复位杆 3，使推出机构复位，模具顺利闭合，准备下一次注射。

该模具的运动过程：闭合状态→开模（两次分型）→推杆顶出产品→移出产品、浇注系统凝料→推杆复位→合模。模具工作过程如图 2-18 所示。

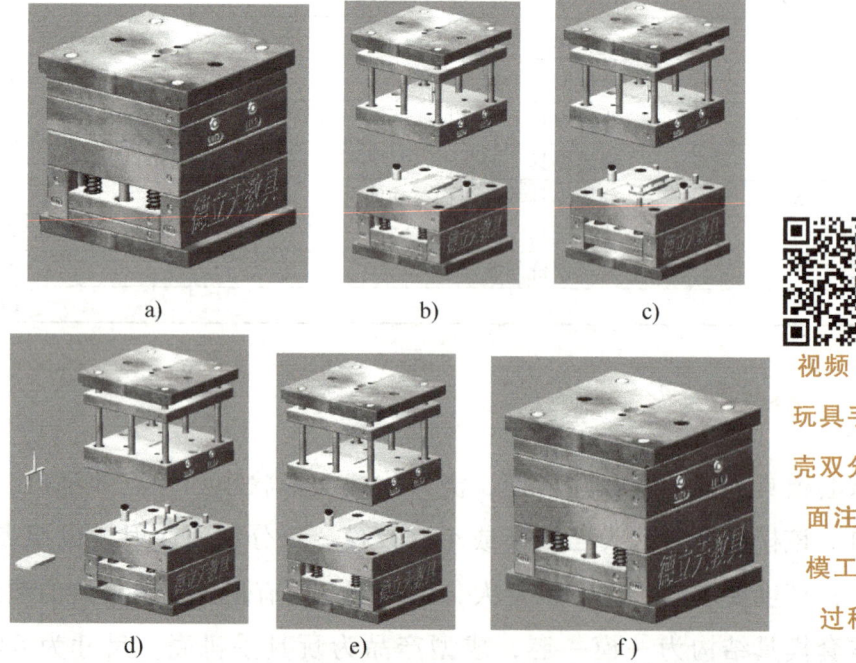

视频 2-4 玩具手机壳双分型面注射模工作过程

图 2-18 模具工作过程

三、测绘模具

1. 绘制注射模装配结构示意图

玩具手机壳双分型面注射模结构示意图如图 2-15 所示。

2. 测绘注射模零件草图

根据相关知识中注射模零件图测绘的方法和要求进行测绘。本课题为测量实训,需要测绘者绘出非标准零件草图 4 张及其零件图 4 张。因实际装配体进行测绘中的零件图与零件草图内容一致,本书只列出二维软件绘制的零件图,如图 2-20~图 2-23 所示。

3. 绘制注射模平面装配图

玩具手机壳双分型面注射模的装配如图 2-19 所示。

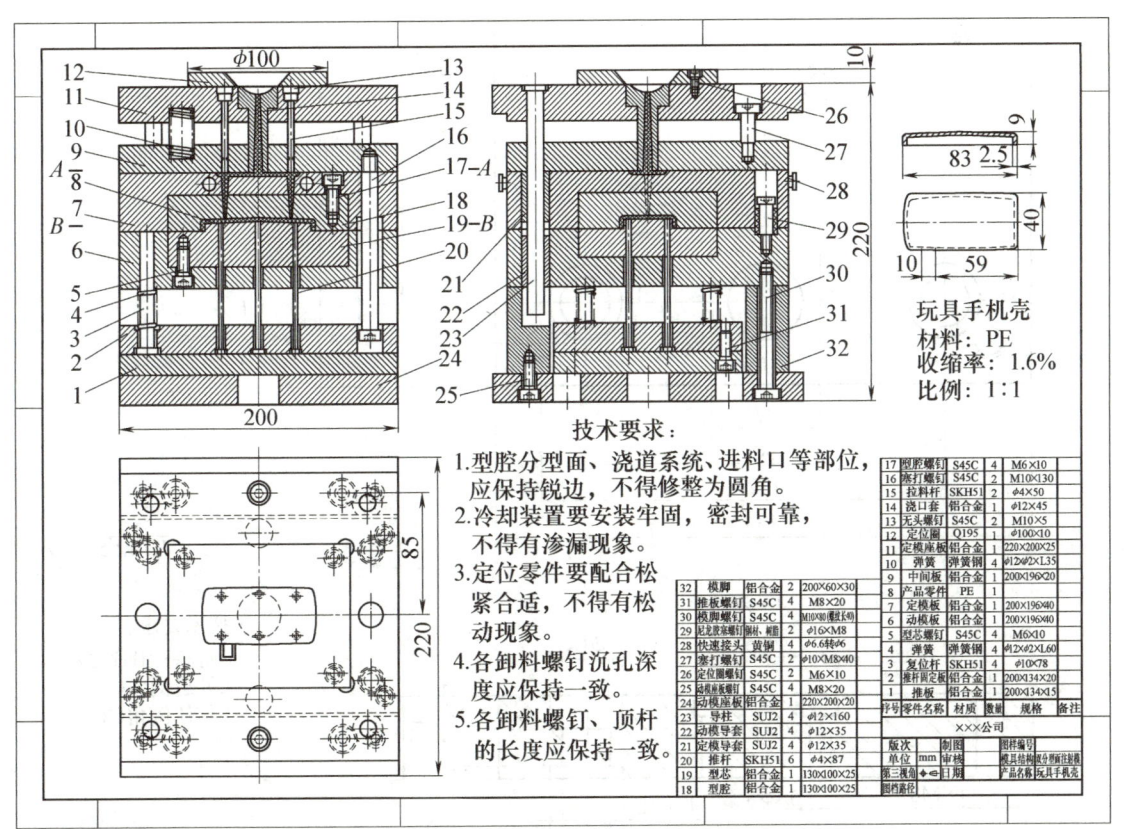

图 2-19　玩具手机壳双分型面注射模装配图

4. 由注射模平面装配图拆画零件图

图 2-20~图 2-23 所示为玩具手机壳双分型面注射模拆画后的部分零件图。

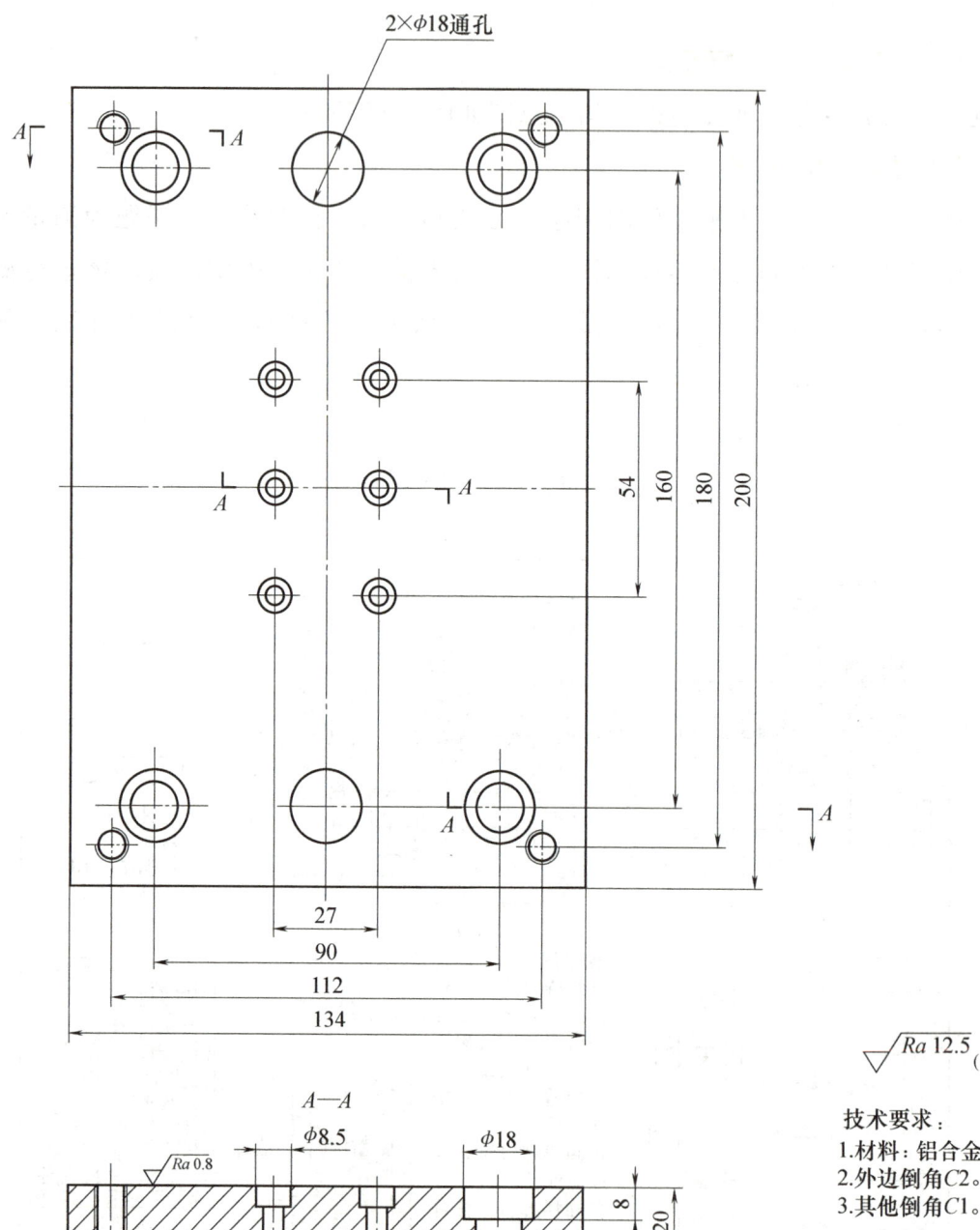

图 2-20 推杆固定板

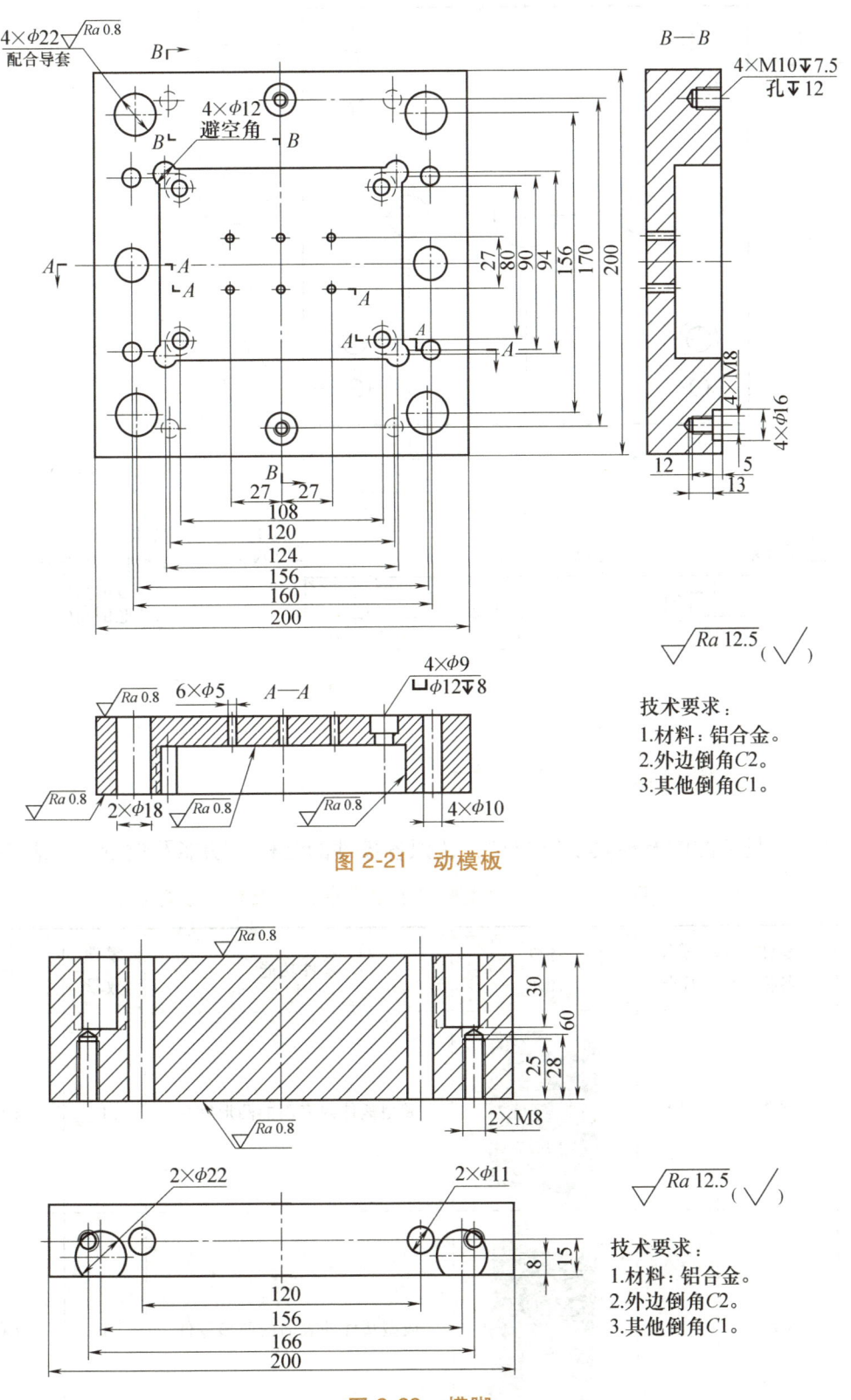

图 2-21 动模板

图 2-22 模脚

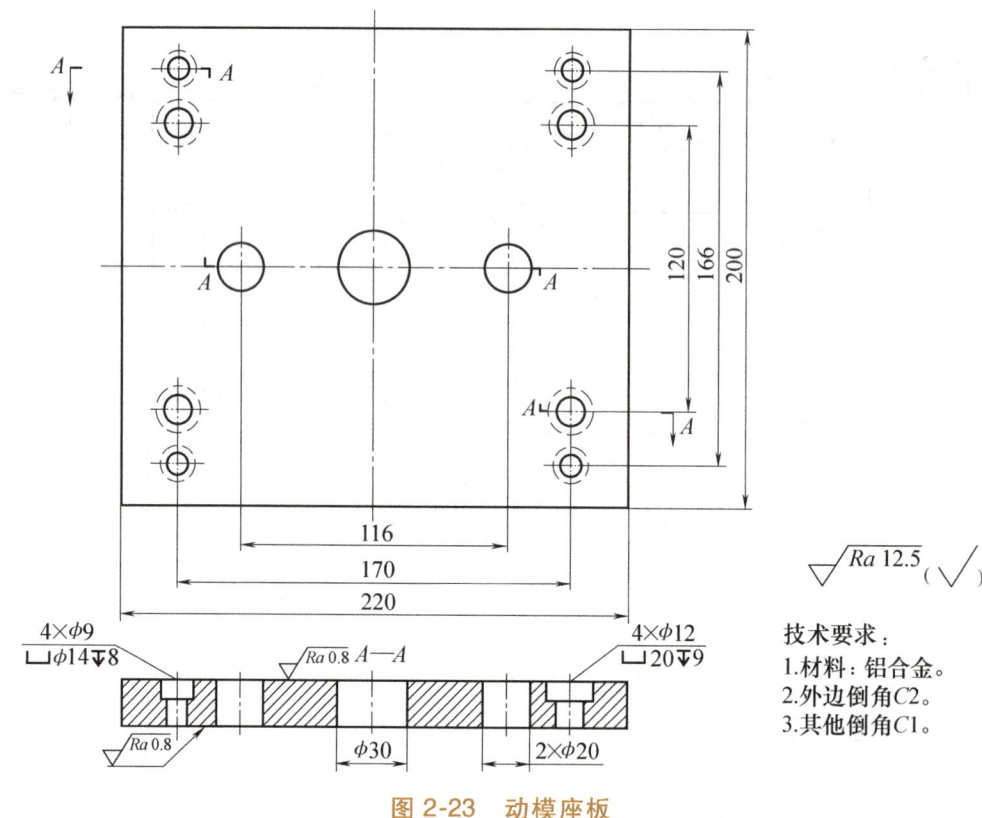

图 2-23 动模座板

四、分析模具零件结构与功能

结合模具装配图及模具实物模型,认识各零件的结构、功能及数量,见表 2-10。

表 2-10 玩具手机壳双分型面注射模各零件的结构、功能及数量

分类	零件名称	零件序号	零件图示	零件功能	零件数量	备注
成型零件	型芯	19		成型塑件内表面的凸形零件	1	又称凸模
	型腔	18		成型塑件外表面的凹形零件	1	又称凹模

(续)

分类	零件名称	零件序号	零件图示	零件功能	零件数量	备注
浇注系统	定位圈	12		使注射机喷嘴与模具浇口套对中,决定模具在注射机上安装位置的零件	1	又称定位环
	定位圈螺钉	26		紧固、连接	2	
	浇口套	14		熔融塑料从注射机喷嘴进入模具型腔所流经的通道	1	又称唧咀或主流道衬套
导向机构	导柱	23			4	不可拆卸
	定模导套	21	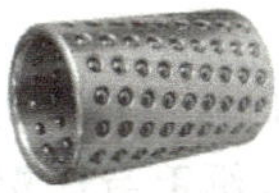	导柱与导套相配合,用以确定动、定模的相对位置,保证模具运动导向精度的圆套形零件	4	不可拆卸
	动模导套	22			4	不可拆卸
	尼龙胶塞螺钉	29		主要用于增加定、动模之间的开模阻力,保证定模板和中间板先于定模板和动模板打开之前打开	2	也称树脂开闭器、尼龙锁模扣、树脂锁模器、尼龙树脂开闭器等
推出机构	推杆	20		推出塑件	6	又称顶针、顶杆
	推板螺钉	31		紧固、连接	4	

77

（续）

分类	零件名称	零件序号	零件图示	零件功能	零件数量	备注
推出机构	推板	1		支承推出和复位零件，直接传递推出力的零件	1	又称推杆底板
	推杆固定板	2	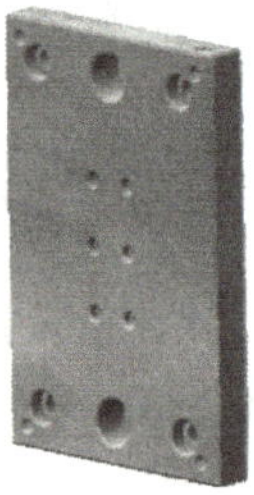	用来固定推杆和复位杆	1	又称顶杆固定板、顶出板
	复位杆	3		借助模具的闭合动作，使推出机构复位的杆件	4	又称回程杆
	拉料杆	15		在开模时从浇口套内拉出主流道凝料，便于与注塑机喷嘴分离	2	此模具是浇口拉料杆
	无头螺钉	13		紧固	2	
	弹簧	4		提供弹力	4	
	弹簧	10		提供弹力	4	安装在定模座板和中间板之间，为浇注系统凝料的推出提供弹力

（续）

分类	零件名称	零件序号	零件图示	零件功能	零件数量	备注
支承零件	定模座板	11	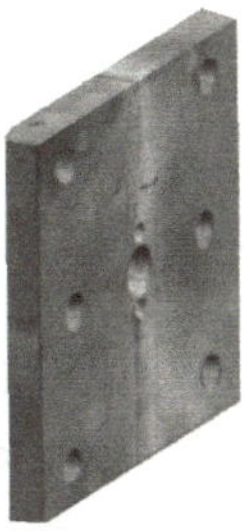	使定模固定在注射机固定工作台面上的模板	1	又称定模底板
	中间板	9	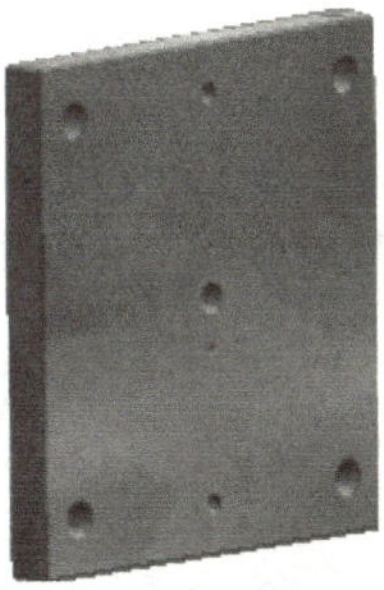	在定模的导柱上与定模板做定距离分离，以便在中间板和定模板之间取出浇注系统凝料	1	又称水口板、流道脱件板、脱凝料板
	定模板	7		固定型腔	1	又称型腔固定板
	型腔螺钉	17		紧固、连接	4	
	动模座板	24		使动模固定在注射机上的移动工作台面的板件	1	又称动模底板

（续）

分类	零件名称	零件序号	零件图示	零件功能	零件数量	备注
支承零件	动模板	6	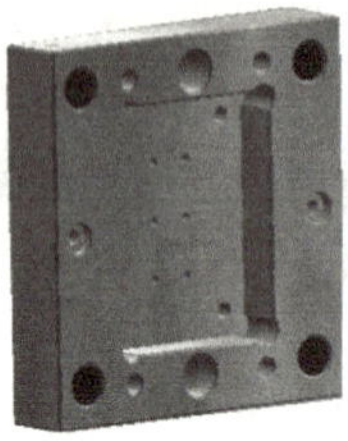	固定型芯	1	又称型芯固定板
	模脚	32	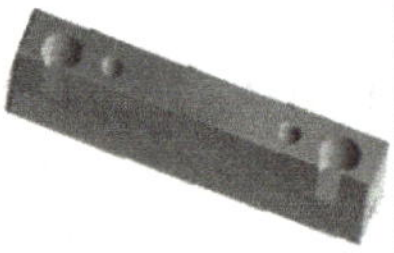	调节模具闭合高度，形成推出机构所需要的推出空间的块状零件	2	又称垫块
	模脚螺钉	30		紧固、连接	4	
	动模座板螺钉	25		紧固、连接	4	
	型芯螺钉	5		紧固、连接	4	
	塞打螺钉	16		控制三板模中的定模座板与中间板之间的开模行程	2	也称轴肩螺钉、止动螺钉、止动螺栓、制动螺栓
	塞打螺钉	27		控制三板模中的定模座板与定模板之间的开模行程	2	
其他	快速接头	28		水路快速接头是与外置水管相连的装置，水管通过快速接头把冷却水通向模具中，以达到冷却目的	4	属于温度调节系统，也称水嘴
	产品零件	8		模具注射成型的塑件	1	一模一腔

五、装配模具

在实训课中，装配已拆卸的玩具手机壳双分型面注射模。观察该套模具的实际结构，结合模具装配图，按装配要求及相关零件的配合关系（表2-11）正确装配模具。拟定装配顺序，以"先拆的零件后装，后拆的零件先装"为一般原则指定装配顺序。本套模具按拟定的动模装配→定模装配→合模顺序，将全部模具零件装回原来的位置，可依据表2-12中的顺序进行装配。注意正反方向钢印标识，防止漏装。

动、定模合模时要先弄清动、定模的相互正确位置，合模前导柱、导套应涂以润滑油，动、定模应保持平行，使导柱平衡直入导套，严禁强行敲击，以免位置错误损坏型芯或击出导套。

观察装配后的模具和拆卸前的是否一致，检查是否有错装和漏装。

表 2-11 相关零件的配合关系

配合部位	配合关系	配合状态	可否拆卸
型腔与定模板	H7/m6 或 H7/n6	过渡配合	可拆卸
型芯与动模板	H7/m6 或 H7/n6	过渡配合	可拆卸
浇口套与模板	H7/k6、H7/m6 或 H7/n6	过渡配合	可拆卸
导柱与动模板	H7/k6	过渡配合	不可拆卸
直导套与定模板、直导套与动模板	H7/n6	过渡配合	不可拆卸
导柱与导套	H7/f7	间隙配合	可拆卸
推杆与型芯	H7/f9	间隙配合	可拆卸
拉料杆与脱凝料板	H7/f9	间隙配合	可拆卸

视频 2-5 玩具手机壳双分型面注射模在德立天虚拟工厂拆装软件中的装配过程

玩具手机壳双分型面注射模装配步骤见表2-12。表2-12中的图示为在德立天虚拟工厂拆装软件中的装配效果图。

表 2-12 玩具手机壳双分型面注射模装配步骤

步骤	操作过程	图示
整套模具拆卸后的零件摆放全图		

（续）

步骤		操作过程	图示
装配动模	动模板6、型芯19组件	放置好动模板6	
		用铜棒轻敲，将型芯19安装在动模板6内，放置好型芯19	
		装配型芯螺钉5	
	脱模机构组件	放置好推杆固定板2	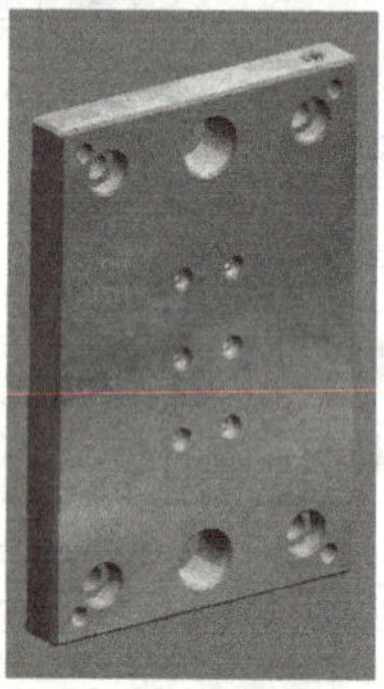
		装配复位杆3	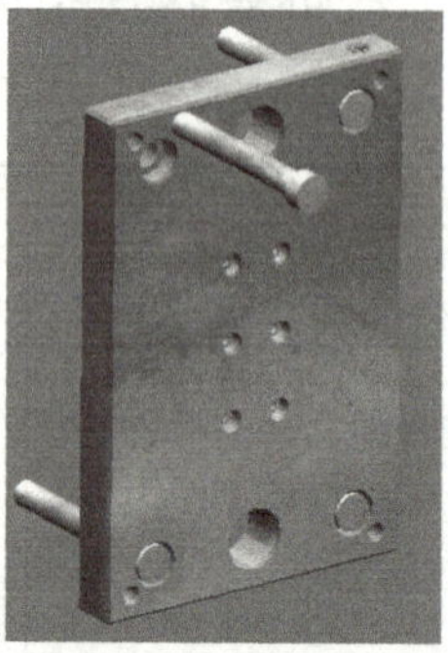

（续）

步骤		操作过程	图示
装配动模	脱模机构组件	装配推杆 20	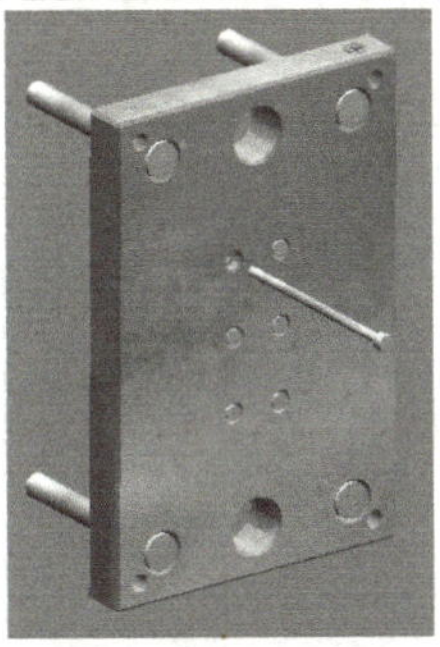
		装配推板 1	
		装配推板螺钉 31	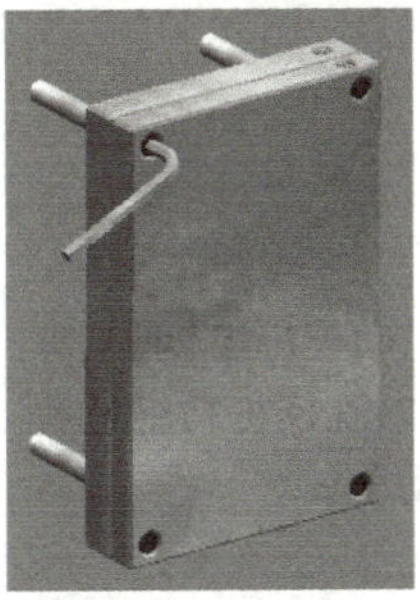
		装配弹簧 4	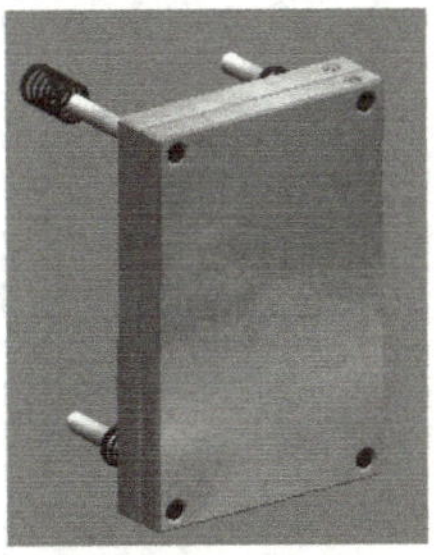
	动模座板 24、模脚 32、脱模机构组件和动模板 6	装配脱模机构组件	

（续）

步骤		操作过程	图示
装配动模	动模座板 24、模脚 32、脱模机构组件和动模板 6	装配模脚 32	
		放置好动模座板 24	
		装配模脚螺钉 30	
		装配动模座板螺钉 25	

（续）

步骤		操作过程	图示
装配动模	动模座板 24、模脚 32、脱模机构组件和动模板 6	装配尼龙胶塞螺钉 27	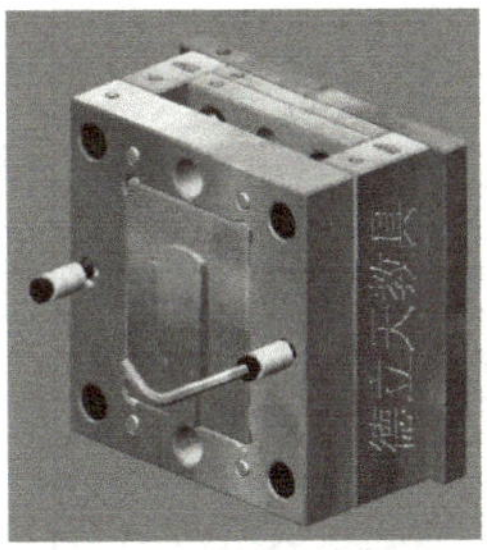
装配定模	定模座板 11、浇口套 14 组件、快速接头 28	放置好定模座板 11 和导柱 23	
		安装拉料杆 15	
		装配无头螺钉 13	
		放置好中间板 9	

(续)

步骤		操作过程	图示
装配定模	定模座板 11、浇口套 14 组件、快速接头 28	安装弹簧 10	
		装配中间板组件	
		装配塞打螺钉 27	
		装配浇口套 14	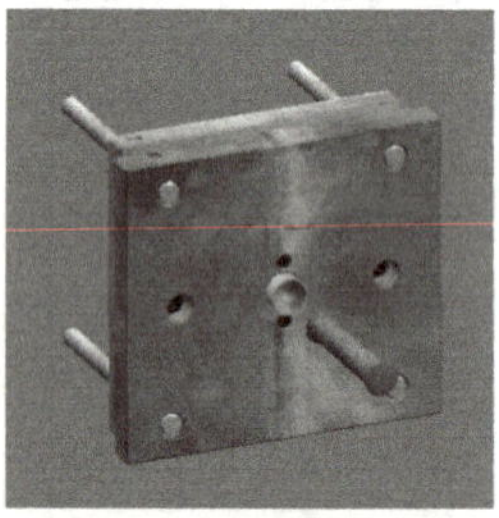
		放置好定模板 7	

（续）

步骤		操作过程	图示
装配定模	定模座板 11、浇口套 14 组件、快速接头 28	装配快速接头 28	
		装配型腔 18	
		装配型腔螺钉 17	
		装配定模板组件	
		装配塞打螺钉 16	

（续）

步骤		操作过程	图示
装配定模	定模座板 11、浇口套 14 组件、快速接头 28	装配定位圈 12	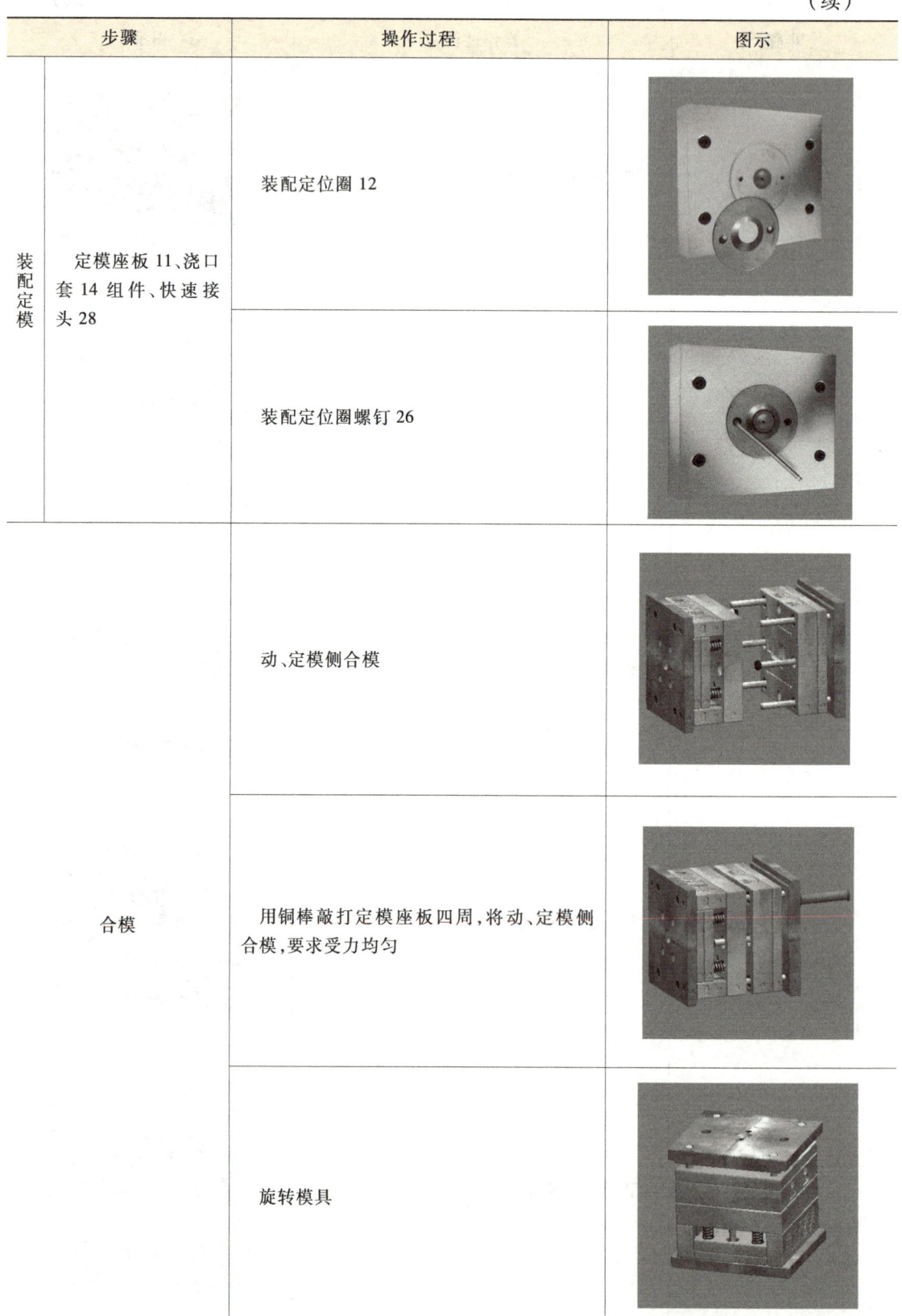
		装配定位圈螺钉 26	
合模		动、定模侧合模	
		用铜棒敲打定模座板四周，将动、定模侧合模，要求受力均匀	
		旋转模具	

【课题评价与鉴定】

1. 课题评价

评价等级分为 A（90~100 分）、B（80~89 分）、C（70~79 分）、D（60~69 分）、E（0~59 分）五个等级。综合评价表见表 2-13。

表 2-13 综合评价表

姓名				评定等级		总分			
课题	序号	评价内容	评价标准	配分		小组互评 50%	教师评价 50%	单项总分
双分型面注射模的测绘与装配	1	分析模具结构(3分)	能正确读装配示意图并进行分析	3分				
	2	分析模具工作过程（5分）	准确简述模具工作过程	5分				
	3	测绘模具（40分）	上交零件图4张,每图8分	32分				
			上交装配图1张	8分				
	4	模具零件结构与功能分析(14分)	正确找出各零件与装配图中的对应关系,错1个扣1分	4分				
			正确说出每个零件的功能,错1个扣1分	10分				
	5	装配模具（26分）	装配顺序正确,错1次扣1分	10分				
			动作规范,错1次扣1分	10分				
			无剩余零件	2分				
			装配时间15min,超1min扣2分	4分				
	6	纪律（4分）	不迟到、不早退、不旷课	2分				
			服从安排,遵守安全操作规程,文明装配,零件摆放整齐,场地干净	2分				
	7	小组合作（8分）	成员之间交流、沟通、合作效果好	8分				

2. 课题学习情况鉴定

学习情况鉴定表详见表 2-14。

表 2-14 学习情况鉴定表

自我鉴定	本课题同学们有哪些收获？ 学生签名： 年　　月　　日
指导教师 鉴定	 指导教师签名： 年　　月　　日

【思考与练习】

一、填空题

1. 在模具中，用于取出塑件和（或）浇注系统凝料的可分离的接触表面称为_____。

2. 在两个或两个以上的分型面中，把脱模时取出塑件的分型面称为_____，其他的称为_____。

3. 当模具分型时，若分型面两边的模板都做移动，用"_____"表示；若其中一方不动，另一方做移动，用"_____"表示，箭头指向移动的方向。

4. 开模时，动模和定模分开从而取出塑件，这种模具称为_____，又称双板式模具。

5. _____是注射模中最简单、最基本的一种形式，是应用最广泛的一种注射模。

6. 双分型面注射模有两个分型面，一个分型面分型后_____由此分型面脱出；另一个分型面分型后_____由此分型面脱出。

二、判断题

1. 双分型面注射模在开模时，中间板在定模的导柱上与定模板做定距离分离，以便在这两个模板之间取出塑件。　　　　　　　　　　　　　　　（　　）

2. 尼龙胶塞螺钉主要用于增加定、动模之间开模阻力，保证定模板和中间板先于定模板和动模板打开之前打开。（   ）

3. 单分型面注射模的缺点是结构复杂，制造成本较高，零部件加工困难，一般不用于大型或特大型塑料制品的成型。（   ）

4. 双分型面注射模应用广泛，它的顶出面积大，产品质量稳定、效率高，浇口与塑件能自动分离。（   ）

5. 一套注射模中只有一个分型面。（   ）

三、简答题

1. 根据图 2-24 所示玩具手机壳双分型面注射模装配结构示意图，写出各部分的名称。

2. 简述玩具手机壳双分型面注射模的工作过程。

3. 简述玩具手机壳双分型面注射模的拆卸过程。

4. 简述玩具手机壳双分型面注射模的装配过程。

5. 简述中间板的作用。

6. 简述模脚的作用。

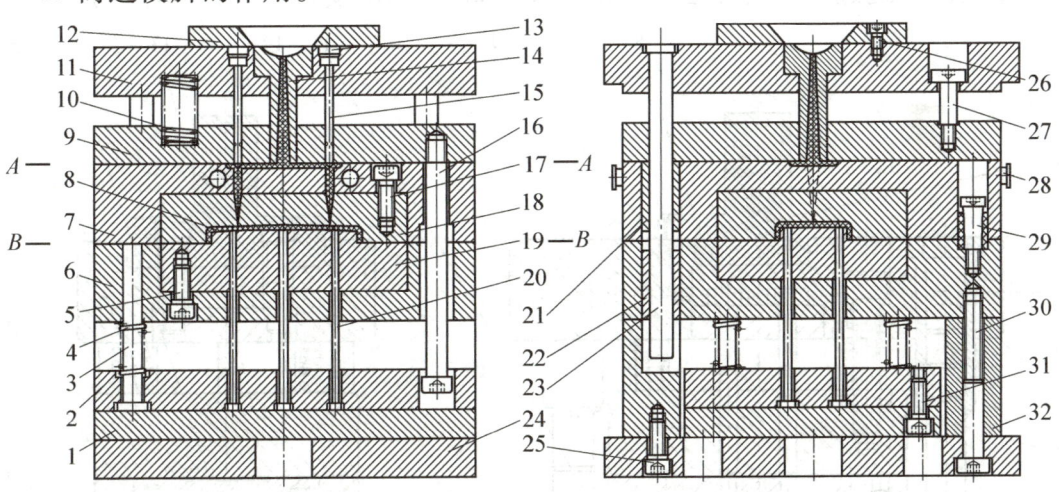

图 2-24 玩具手机壳双分型面注射模装配结构示意图

1—_____   2—_____   3—_____   4—_____   6—_____
7—_____   8—_____   9—_____   10—_____   11—_____
12—_____   13—_____   14—_____   15—_____   16—_____
18—_____   19—_____   20—_____   21—_____   22—_____
23—_____   24—_____   27—_____   28—_____   29—_____

课题三 单工序模的测绘与装配

【学习目标】

知识目标	1. 掌握菱形垫片冲孔单工序模的零件结构组成、功能及相互配合关系 2. 掌握模具拆装的一般步骤和方法 3. 用二维绘图软件绘制菱形垫片冲孔单工序模的非标准零件零件图 4 张,装配图 1 张
技能目标	1. 会识读模具装配图 2. 会画装配图及拆画零件图 3. 能正确地使用模具拆装及测绘中的工量具
素养目标	1. 具有安全文明生产和遵守操作规程的意识 2. 具有人际交往和团队协作的能力

【课题描述】

要生产制造出优质的模具,在模具装配环节就必须有合理的装配工艺,并且由技术水平熟练的模具钳工来完成。同时,模具测绘是模具技术人员必须要掌握的基本技能。通过本课题测绘并装配如图 2-25 所示的菱形垫片冲孔单工序模,来

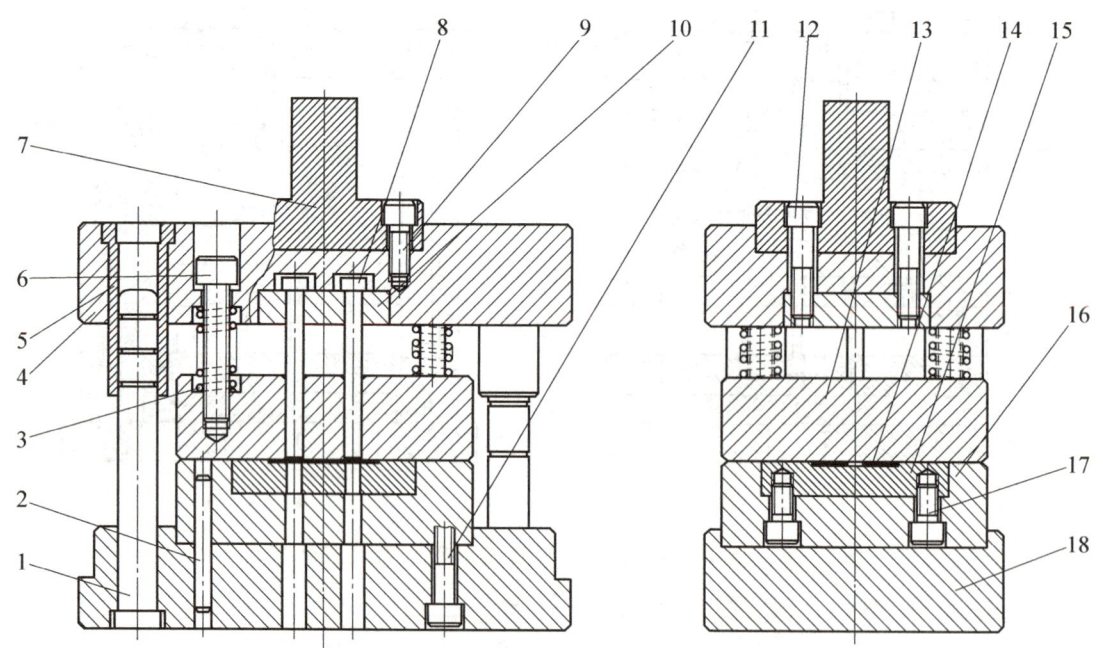

图 2-25 菱形垫片冲孔单工序模装配结构示意图

1—导柱 2—定位销 3—弹簧 4—上模板 5—导套 6—卸料螺钉 7—模柄 8—冲孔凸模
9、11、12、17—内六角螺钉 10—冲孔凸模垫块 13—弹性卸料板 14—产品制件
15—凹模 16—凹模固定板 18—下模板

实现单工序冲压模测绘、装配方面知识与技能的融合贯通。

菱形垫片冲孔单工序模实物效果图如图 2-26 所示。

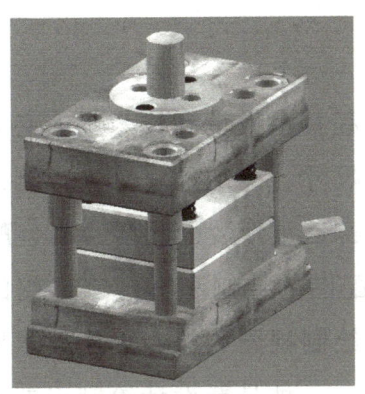

图 2-26　菱形垫片冲孔单工序模实物效果图

完成该课题需要准备的实训物品清单见表 2-15。

表 2-15　实训物品清单

序号	实训资源	种类	数量	备注
1	冲压模	单工序模实物模型	1 副/组	菱形垫片冲孔单工序模实物模型
2	辅助软件	德立天虚拟工厂软件（或其他拆装软件）	1 套/人	
3	拆装工具	内六角扳手	1 套/组	
		铜棒或橡胶锤	1 把/组	
		平行垫铁	2 块/组	
		长销子	1 个/组	
		短销子	1 个/组	
4	量具	0~150mm 游标卡尺	1 把/组	
		0~100mm 外径千分尺	1 把/组	
		内径千分尺	1 把/组	
		百分表	1 块/组	
5	绘图工具	常用绘图工具	1 套/人	包括图板、绘图铅笔、丁字尺、三角板、圆规、橡皮等
6	图纸	A3	1 张/组	
		A4	8 张/组	

【相关知识】

一、冲压模测绘步骤与原则

模具测绘工作是模具工程技术人员和技术工人必须掌握的一项基本技能。装配体的测绘是对装配体总体尺寸、装配尺寸等进行测量，绘制装配示意图（对零件较多的装配体，为便于拆卸后重新装配，要绘制装配示意图）和零件草图（非标准件），最终完成平面装配图的绘制和拆画零件图的过程。零件测绘就是依据实际零件，进行尺寸测量，绘制视图和综合分析技术要求的工作过程。在生产实践中所使用的零件图有两种：一种是新设计绘制出的图样；另一种是按实际零件进行测绘而得到的图样。本课题描述的就是第二种。测绘在实际生产中有非常重要的意义，经常应用在机器设备维修、逆向工程等技术中。

1. 冲压模测绘的总步骤

1）在拆卸模具前，先分析模具结构，明确所测绘模具的基准件和基准面。

2）在拆卸模具前或拆卸过程中，需要测量一些重要的尺寸，如装配尺寸、总体尺寸（长×宽×高）、性能（规格）尺寸、安装尺寸及其他尺寸。装配尺寸中具体包含有模具零部件连接的接合面的位置尺寸以及定位销、连接螺栓、镶块等的相互位置尺寸。

3）绘制模具装配结构示意图。

4）测绘冲压模零件草图。

5）绘制冲压模平面装配图。

6）由冲压模平面装配图拆画零件图。

2. 绘制冲压模具装配结构示意图

模具装配结构示意图通常表达零件的相互位置、连接方式和装配关系等。对于零件较多的装配体，为了便于装配，通常需要绘制装配示意图，同时也能为绘制模具装配图做好基础。

3. 测绘冲压模零件草图

对所有非标准零件，均要绘制零件草图及零件图。零件草图应包括零件图所有内容，然后根据模具零件草图绘制模具零件图。

草图及零件图的绘图步骤：

1）分析零件，选取最佳表达方案。

2）根据选定的表达方案，选定比例、布置图面、画好各视图的基准线。

3）绘制零件草图中的视图。

4）选择尺寸标注的基准，画出尺寸界线和尺寸线。

5）对零件图进行尺寸标注和填写技术要求及标题栏。

6）检查、校核零件草图及零件图。

因为测绘是在拆装现场进行的，所绘草图不一定完整，所以要对零件草图进行检查、校核，同时要处理测绘数据：

1）对所测得的尺寸数据，要参照相关标准尺寸进行圆整。

2）有配合的地方应根据该处配合要求，确定公称尺寸及公差；模具的凸、凹模刃口尺寸（冲压模），型芯、型腔尺寸（注射模），应根据相应的计算公式进行核算，对于一般尺寸和外形尺寸要标注完整，根据要求标注公差或自由公差（不标）。

3）对于标准件的规格，要查阅有关标准进行选取。

4. 绘制冲压模平面装配图

冲压模总装配图的布局如图 2-27 所示。

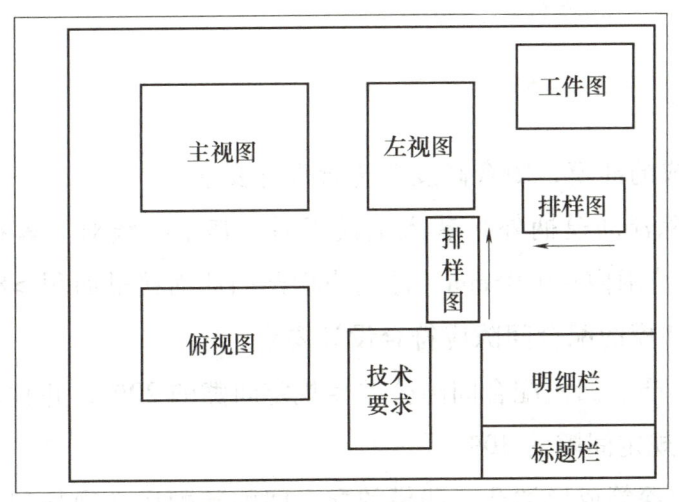

图 2-27　冲压模总装配图的布局

绘制模具装配图时，绘图标注依照机械制图的相关标准绘制，但有如下需要注意的事项：

1）模具装配图中的视图表达：绘制模具装配图的主视图时，常采用全剖；绘制模具装配图的俯视图时，一般分模后，移走上模，绘制下模的俯视图；条料或板料在主视图通常采取实心颜色填充表示或者双点画线表示；条料的送料方向必须与模具装配图上的送料方向保持一致。

2）模具装配图中的工件图：工件图是最终冲压后所得冲压件的图形，一般画在总装图右上角，并标注尺寸及厚度，注明材料名称；工件图的比例一般与模具装配图一致，特殊情况可更改比例并需注明；工件图的方向需要与制件在模具中方向一致，特殊情况不一致时，必须注明冲压方向。

3）模具装配图中的排样图：采用带料和条料时，应画出排样图，一般画在俯视图与明细栏之间或工件图下面；排样图包括排样方式、零件的冲裁过程、定距方式（采用侧刃定距时，侧刃的形状、位置）、步距、搭边、料宽、材料利用率等，对卷边、弯曲等工序的零件要考虑材料纤维方向，通常从排样图的剖切线上可以读出是哪一种工序组合方式，即属于单工序模、级进模还是复合模；排样图上的送料方向与模具视图上的送料方向必须一致。

5. 由冲压模平面装配图拆画零件图

由装配图拆画零件图，简称拆图，它是在看懂装配图的基础上进行的。拆图工作分两种类型：一种是新设计中的拆图，另一种是实际装配体进行测绘中的拆图。新设计中的拆图则只能依据装配图进行。实际装配体进行测绘中的拆图，可根据画好后的装配图和零件草图进行。

二、冲压模具装配的技术要求

1）装配完成的冲模，闭合高度要符合设计要求。

2）模柄（除浮动模柄外）装入上模板后，其中心线对上模板上平面的垂直度公差，在全长范围内≤0.05mm。浮动模柄凸凹球面接触面积≥80%。

3）凸模和凹模的配合间隙应符合设计要求。

① 冲裁模的凸、凹模配合间隙公差≤规定间隙的20%，并且要求均匀，局部尖角或转角处≤规定间隙的30%。

② 弯曲、拉深等成形类凸、凹模的配合间隙装配后必须均匀。其偏差值最大不超过料厚与料厚的上极限偏差之和，最小值不超过料厚与料厚的下极限偏差之和。

4）导柱与导套装配后，其中心线应分别垂直于下模板的下平面和上模板的上平面。其垂直度公差应符合以下规定（公差等级按GB/T 1184—1996）：

① 被测尺寸≤160mm时，模架精度等级为0Ⅰ、Ⅰ级时，垂直度公差等级为4级；模架精度等级为0Ⅱ、Ⅱ级时，垂直度公差等级为5级。

② 被测尺寸>160mm 时，模架精度等级为 0Ⅰ、Ⅰ级时，垂直度公差等级为 5 级；模架精度等级为 0Ⅱ、Ⅱ级时，垂直度公差等级为 6 级。

5）导柱与导套装配后，上模板的上平面应与下模板的下平面平行，其平行度应符合以下规定（公差等级按 GB/T 1184—1996）：

① 被测尺寸≤400mm 时，模架精度等级为 0Ⅰ或Ⅰ级时，平行度公差等级为 5 级；模架精度等级为 0Ⅱ或Ⅱ级时，平行度公差等级为 6 级。

② 被测尺寸>400mm 时，模架精度等级为 0Ⅰ、Ⅰ级时，平行度公差等级为 6 级；模架精度等级为 0Ⅱ、Ⅱ级时，平行度公差等级为 7 级。

6）已安装完成的导柱和导套之间的配合间隙或过盈应符合规定。装配完成的导柱，其固定端面与下模板下平面应保留 1~2mm 距离。

7）定位零件、卸料装置、顶件装置和推件装置的装配技术要求：定位零件要保证定位准确可靠，卸料、顶件和推件装置动作要灵活、准确，出料孔无卡阻现象，保证制件或废料能顺利取出。

8）紧固件装配的技术要求：

① 螺栓或螺钉装配后，必须拧紧。与钢件连接时，螺纹旋入长度≥螺纹的公称直径；与铸件连接时，螺纹旋入长度≥1.5 倍螺纹公称直径。

② 定位圆柱销与销孔的配合松紧要适度。圆柱销与每个零件的配合长度应大于 1.5 倍圆柱销直径。

【课题实施】

该课题的实施可参考表 2-16 中的流程完成。

表 2-16 课题实施流程

序号	课题流程	学时分配
1	学习相关知识	1
2	分析模具结构	1
3	分析模具工作过程	
4	测绘模具	8
5	分析模具零件结构与功能	3
6	装配模具	6
7	课题评价与鉴定	1
小计		20

一、分析模具结构

该套模具为冲孔模,用模具沿封闭线冲切板料冲下的部分为废料,封闭线外是产品。冲裁两孔,模具采用凹模上的凹槽进行定位,依靠导柱、导套进行开合模导向定位,采用的是弹性卸料装置。

二、分析模具工作过程

该模具的工作过程:开模后,把经落料的半成品坯料放入凹模的凹槽内进行定位,上、下模依靠导柱 1 和导套 5 进行合模导向定位。弹性卸料板 13 先接触板料,卸料弹簧 3 受力压缩将板料压住,上模继续下行,冲孔凸模 8 和凹模 15 进行工作将板料剪切。冲孔后的废料沿凹模洞口依次推出,经凹模固定板 16、下模板 18 和压力机台面上的孔依次漏下。上模卸料弹簧 3 释放弹力,弹性卸料板 13 将箍在冲孔凸模 8 上的制件卸下来,准备下一次冲裁。

该模具的运动过程:闭合状态→开模→放入坯料→合模→冲孔→模具复位→开模→移除产品→合模。模具工作过程如图 2-28 所示。

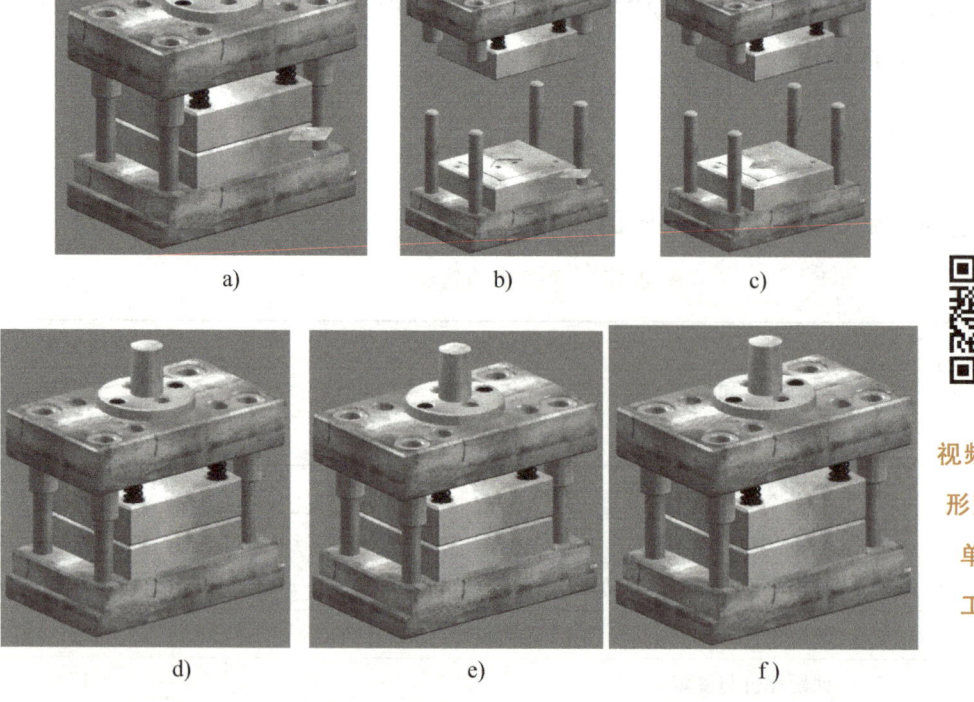

视频 2-6 菱形垫片冲孔单工序模工作过程

图 2-28 模具工作过程

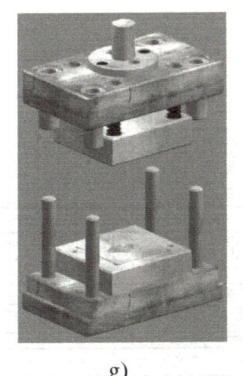
g)
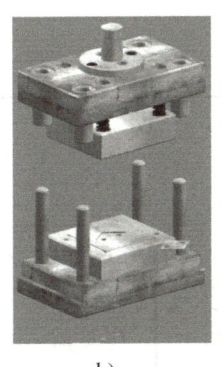
h)

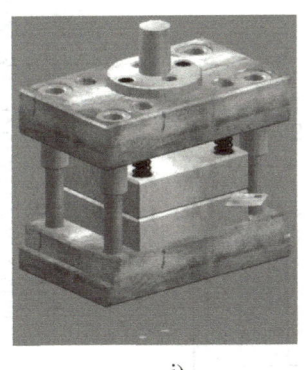
i)

图 2-28　模具工作过程（续）

三、测绘模具

1. 绘制冲压模装配结构示意图

菱形垫片冲孔单工序模结构示意图如图 2-25 所示。

2. 测绘冲压模零件草图

根据相关知识中冲压模零件图测绘的方法和要求进行测绘。本课题为测量实训，需要测绘者绘出非标准零件草图 4 张及其零件图 4 张。因实际装配体进行测绘中的零件图与零件草图内容一致，本书只列出二维软件绘制的零件图，如图 2-30~图 2-33 所示。

3. 绘制冲压模平面装配图

菱形垫片冲孔单工序模的装配图如图 2-29 所示。

4. 由冲压模平面装配图拆画零件图

图 2-30~图 2-33 所示为菱形垫片冲孔单工序模拆画后的部分零件图。

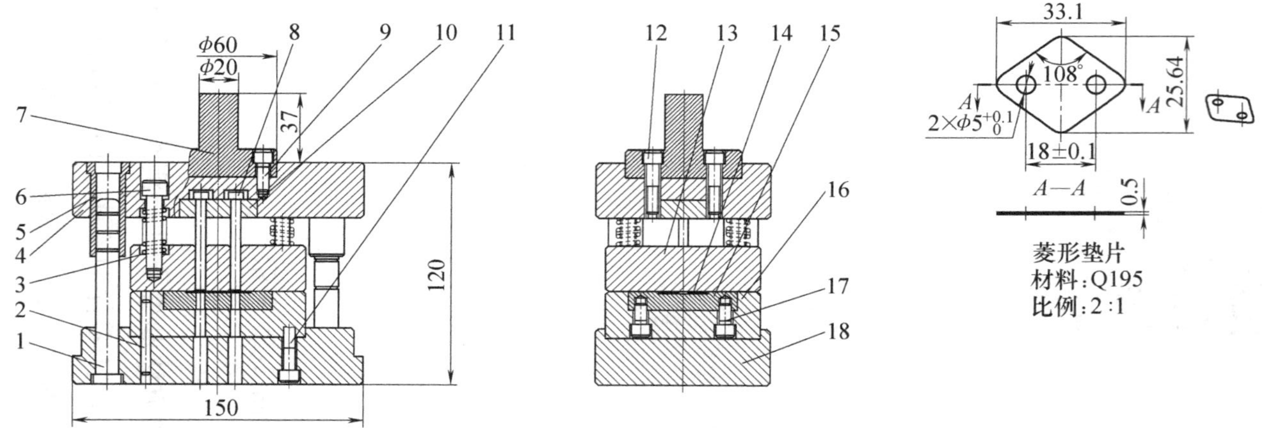

菱形垫片
材料：Q195
比例：2:1

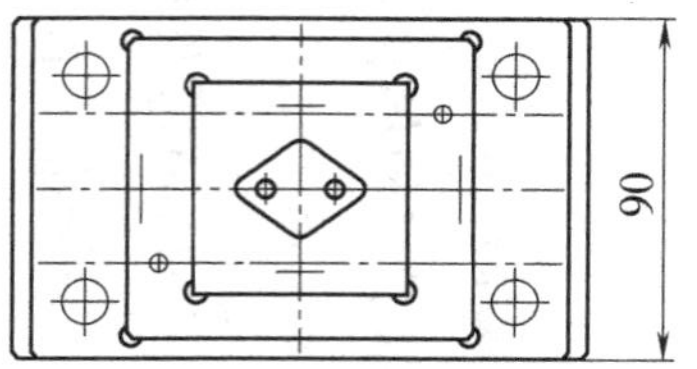

技术要求：

1. 装配时应保证凸、凹模之间的间隙均匀一致，配合间隙符合设计要求，不采用使凸、凹模变形的方法来修正间隙。
2. 各接合面保证密合。
3. 冲模的工作部分应经常刃磨抛光，在刃磨时，刃磨量不应超过刃口的变钝半径；抛光时，抛光量不大于0.1mm。
4. 各卸料螺钉沉孔深度应保持一致。
5. 各卸料螺钉、顶杆的长度应保持一致。

序号	零件名称	数量	材质	规格	备注
1	导柱	4	SU2	φ12×95	
2	定位销	2	SKH51	φ5×40	
3	弹簧	4	弹簧钢	φ12×φ4.5×L30	
4	上模板	1	铝合金	150×90×30	
5	导套	4	SU2	M8×60	
6	卸料螺钉	4	S45C	φ12×45	
7	模柄	1	S45C	φ60×45	
8	冲孔凸模	2	SKH51	φ5×54.5	
9	冲孔凸模块	1	S45C	40×40×10	
10	内六角螺钉	2	S45C	M6×20	
11	内六角螺钉	2	S45C	M6×10	
12	内六角螺钉	2	S45C	M6×10	
13	弹性卸料板	1	铝合金	90×80×25	
14	产品制件	1	Q195		
15	凹模	1	718	56×56×10	
16	凹模固定板	1	铝合金	90×80×25	
17	内六角螺钉	2	S45C	M6×10	
18	下模板	1	铝合金	150×90×30	

图 2-29 菱形垫片冲孔单工序模装配图

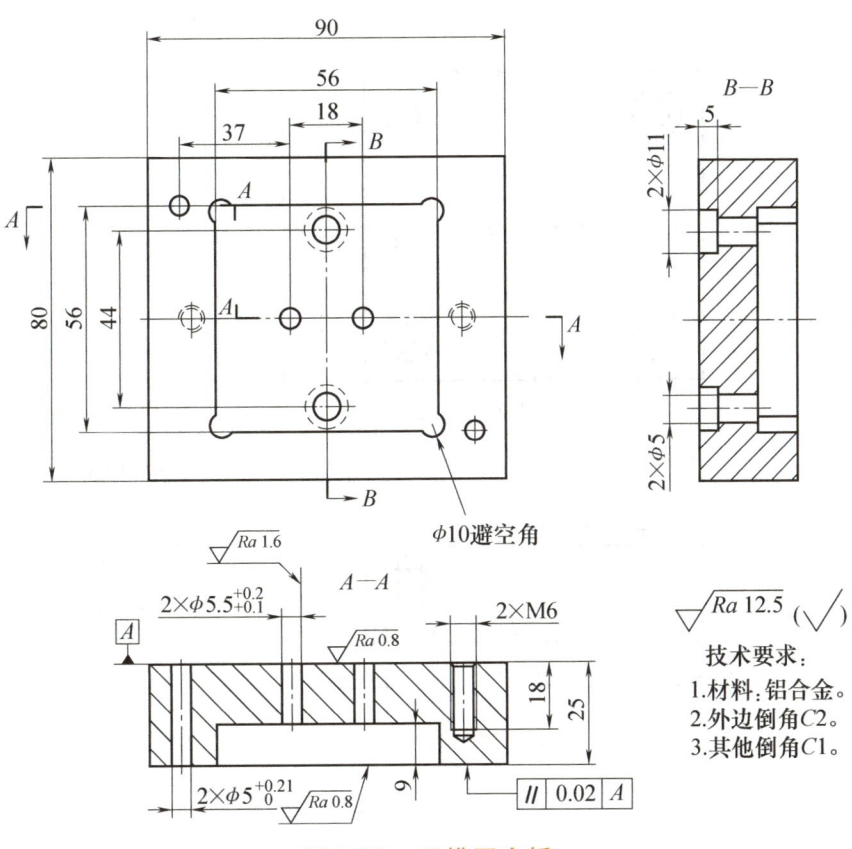

图 2-30　凹模固定板

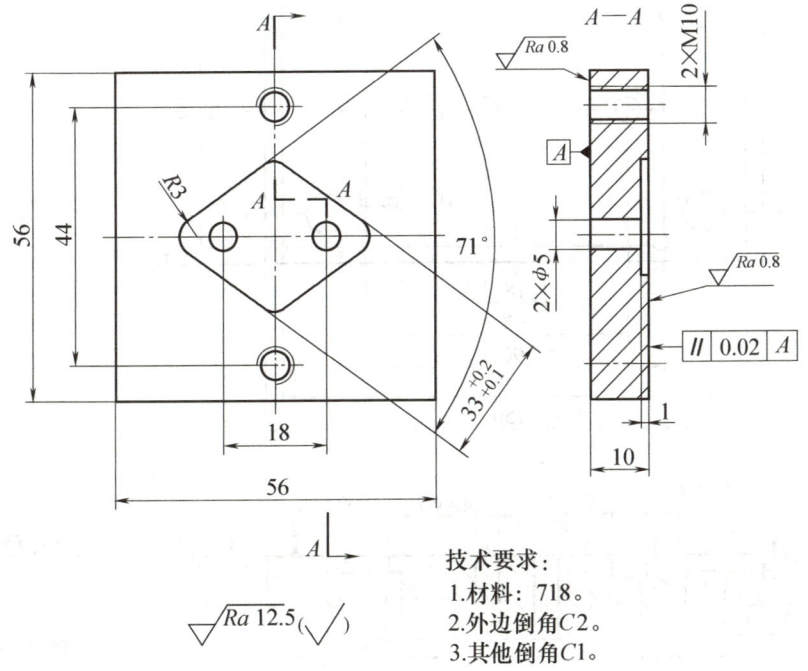

图 2-31　凹模

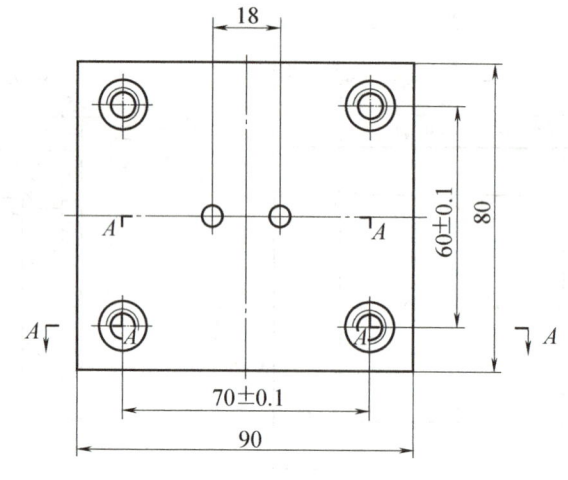
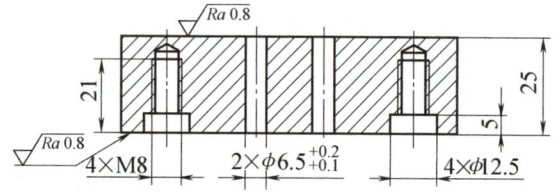

图 2-32 弹性卸料板

技术要求:
1. 材料:铝合金
2. 外边倒角C2。
3. 其他倒角C1。

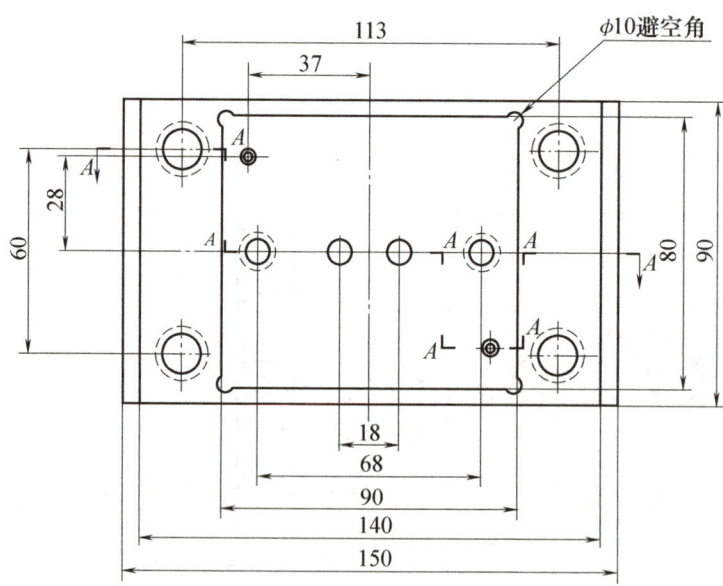
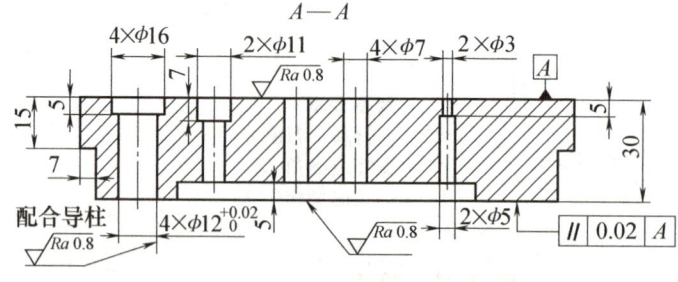

图 2-33 下模板

技术要求:
1. 材料:铝合金。
2. 外边倒角C2。
3. 其他倒角C1。

四、分析模具零件结构与功能

结合模具装配图及模具实物模型,认识各零件的结构、功能及数量,见表2-17。

表2-17 菱形垫片冲孔单工序模各零件的结构、功能及数量

分类	零件名称	零件序号	零件图示	零件功能	零件数量	备注
工作零件	冲孔凸模	8		成形制品内表面的零件	2	
工作零件	凹模	15	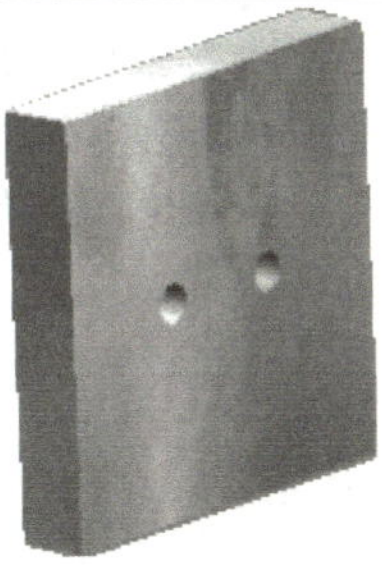	成形制品外表面的零件	1	凹模上带有定位板料的槽,控制板料在模具中的位置,也是定位零件
退料零件	卸料零件 弹性卸料板	13		将材料从凸模上卸下的零件	1	弹性顶料装置
退料零件	卸料零件 卸料螺钉	6		紧固、连接	4	
退料零件	缓冲零件 弹簧	3		为压料和卸料提供弹力	4	
模架零件	导向零件 导柱	1		导柱与导套相配合,保证上、下模正确运动,不至于使上、下模位置产生偏移	4	不可拆卸
模架零件	导向零件 导套	5			4	不可拆卸

（续）

分类	零件名称	零件序号	零件图示	零件功能	零件数量	备注
模架零件	模柄	7		将上模固定在压力机滑块上	1	
模架零件	上模板	4		直接或间接地安装冲模的所有零件,与压力机滑块连接,传递压力	1	
模架零件	下模板	18		直接或间接地安装冲模的所有零件,与工作台连接,传递压力	1	
支承零件	冲孔凸模垫块	10		承受凸模的压力	1	
支承零件	凹模固定板	16		固定凹模	1	

（续）

分类	零件名称	零件序号	零件图示	零件功能	零件数量	备注
模架零件	支承零件 紧固零件	内六角螺钉	9	 紧固、连接	2	
			11		2	
			12		2	
			17		2	
		定位销	2	 定位、连接	2	
其他	产品制件		14	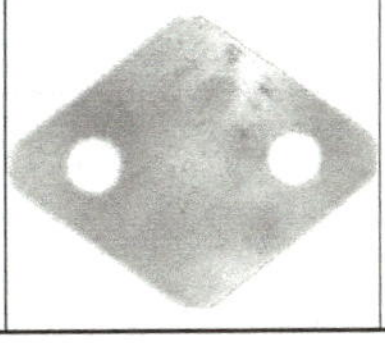 冷冲压成形的制件	1	每次冲压一个制件

五、装配模具

在实训课中，装配已拆卸的冲孔模。观察该套模具的实际结构，结合模具装配图，按装配要求及相关零件的配合关系（表2-18）正确装配模具。拟定装配顺序，以"先拆的零件后装，后拆的零件先装"为一般原则指定装配顺序。本套模具按拟定的下模装配→上模装配→合模顺序，将全部模具零件装回原来的位置，可依据表2-19中的顺序进行装配。注意正反方向钢印标识，防止漏装。

对凸、凹模配合间隙要尤为注意，冲压模刃口一般都很锋利，要避免被其划伤，也要避免刃口被损坏。

观察装配后的模具和拆卸前的是否一致，检查是否有错装和漏装。

表 2-18 相关零件的配合关系

配合部位	配合关系	配合状态	可否拆卸
导柱、导套分别与模板	H7/r6	过盈配合	不可拆卸
导柱与导套	H7/h6 或 H6/h5	间隙配合	可拆卸
凸缘式模柄与上模板	H7/h6 或 H7/js6	间隙配合或过渡配合	可拆卸
模柄与压力机滑块模柄孔	H11/d11	间隙配合	可拆卸
凸模、凹模分别与固定板	H7/m6	过渡配合	可拆卸
圆柱销与固定板、模板	H7/n6	过渡配合	可拆卸

视频 2-7 菱形垫片冲孔单工序模在德立天虚拟工厂拆装软件中的装配过程

菱形垫片冲孔单工序模装配步骤见表 2-19。表 2-19 中的图示为在德立天虚拟工厂拆装软件中的装配效果图。

表 2-19 菱形垫片冲孔单工序模装配步骤

步骤		操作过程	图示
整套模具拆卸后的零件摆放全图			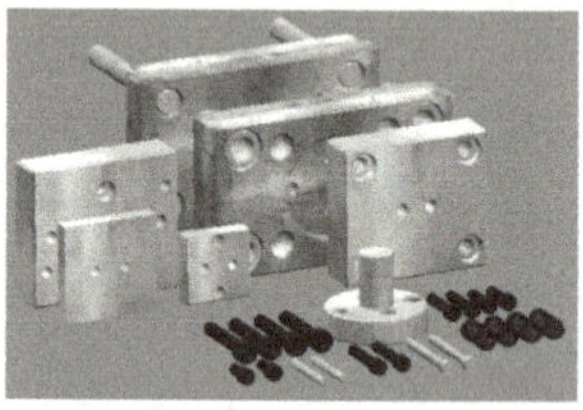
装配下模	放置好下模板 18	放置好下模板 18	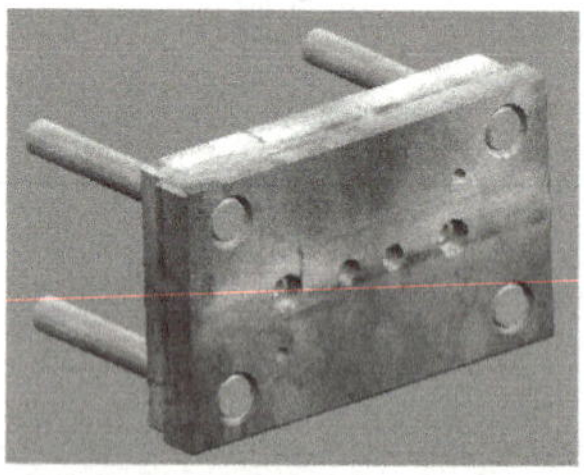
	装配凹模固定板组件	放置好凹模固定板 16	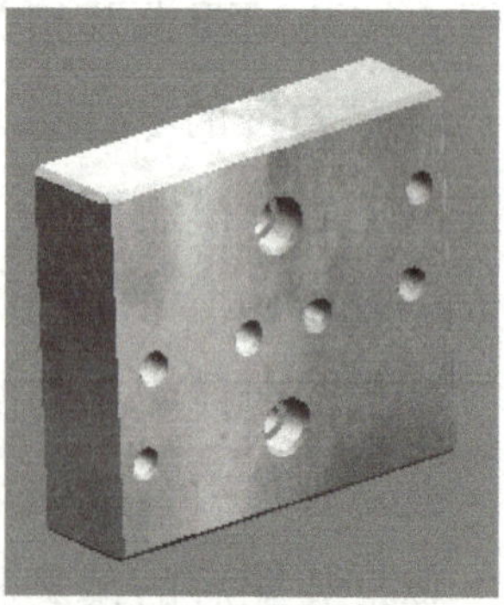

（续）

步骤		操作过程	图示
装配下模	装配凹模固定板组件	用铜棒轻敲，装配凹模 15	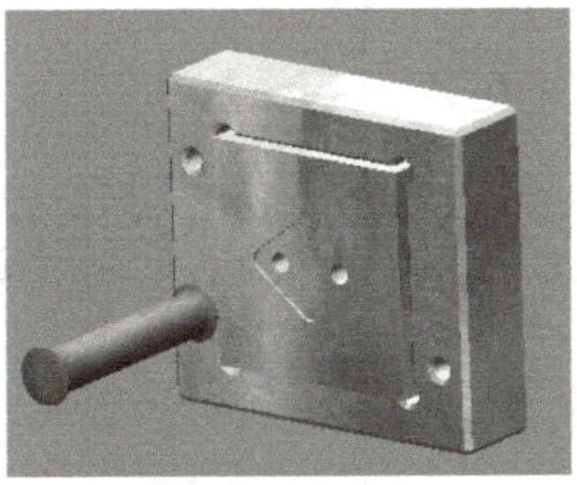
		装配内六角螺钉 17	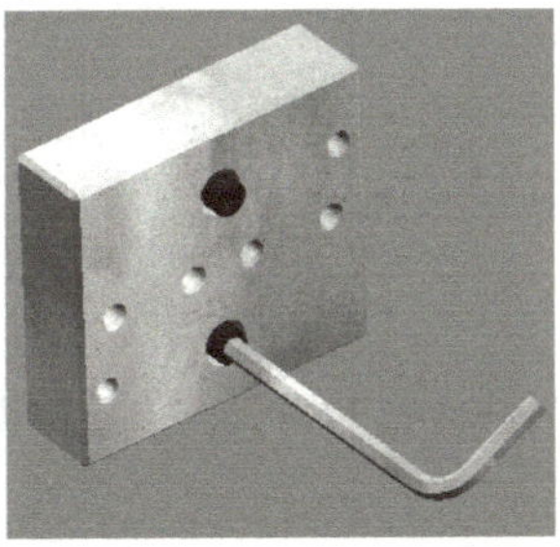
	将凹模固定板组件装配在下模板上	装配凹模固定板组件	
		装配定位销 2	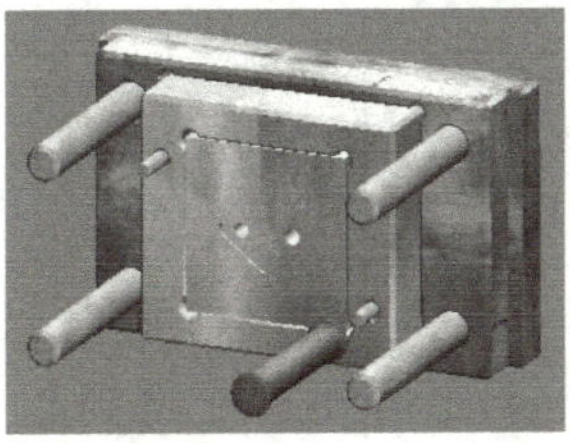
		装配内六角螺钉 11	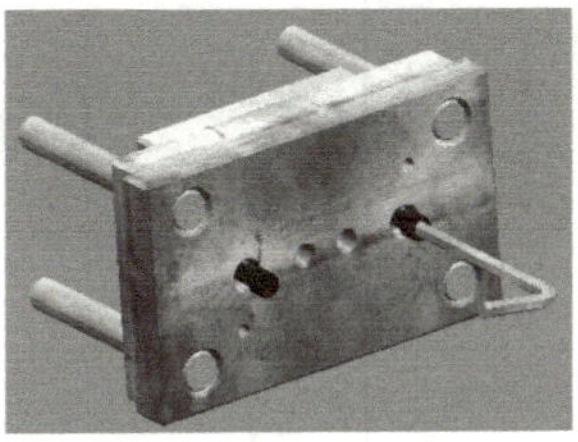

（续）

步骤		操作过程	图示
装配上模	装配冲孔凸模组件	放置好上模板 4	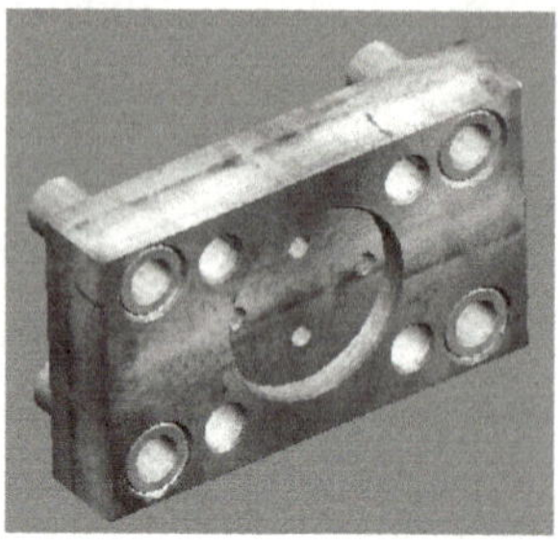
		放置好冲孔凸模垫块 10	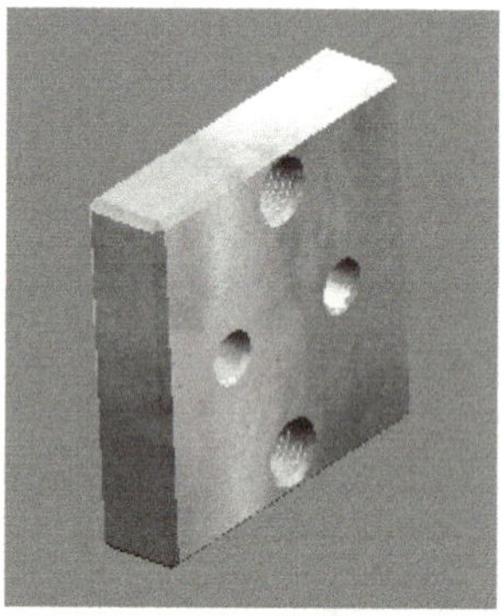
		装配冲孔凸模 8	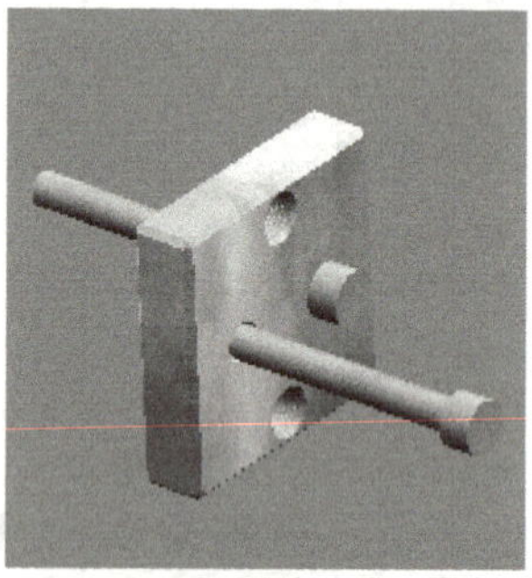
		装配冲孔凸模组件	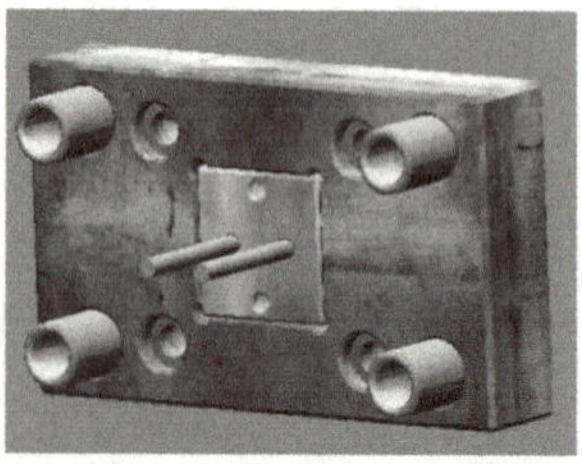

（续）

步骤		操作过程	图示
装配上模	装配卸料组件	装配弹簧 3	
	将卸料组件安装在上模板上	装配弹性卸料板 13	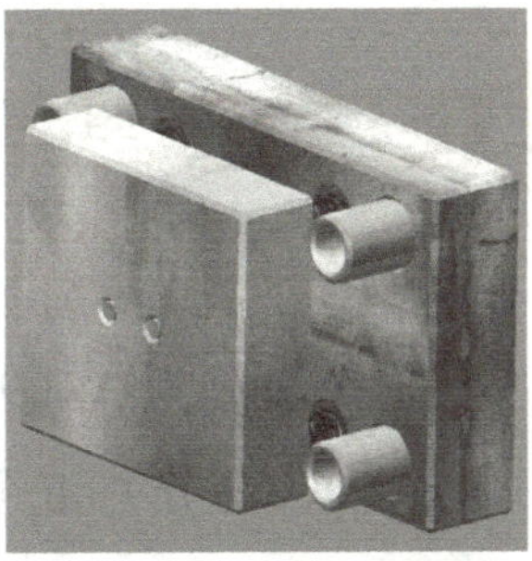
		装配卸料螺钉 6	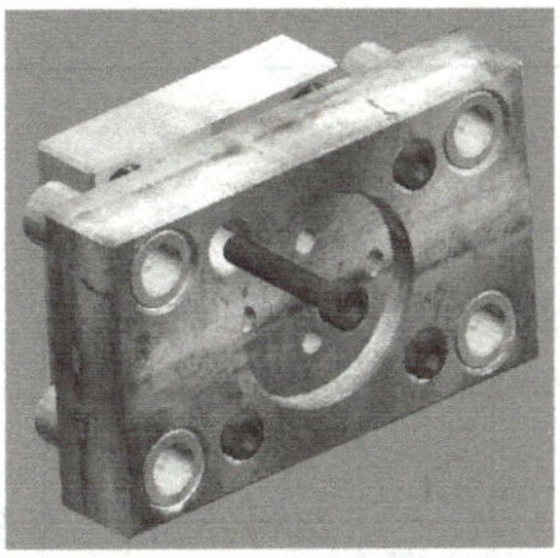
	装配模柄	装配模柄 7	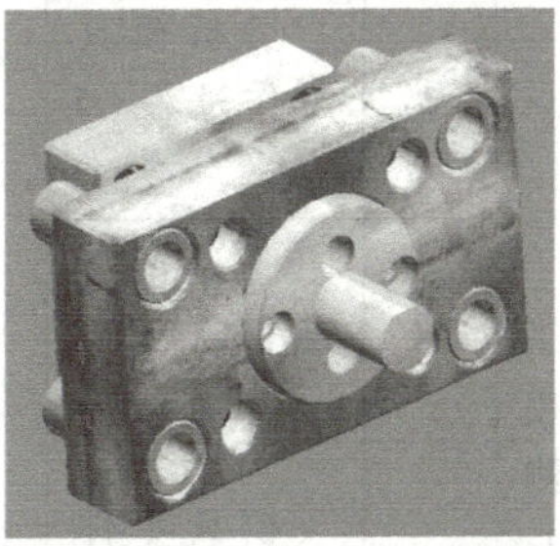
		装配内六角螺钉 9 和 12	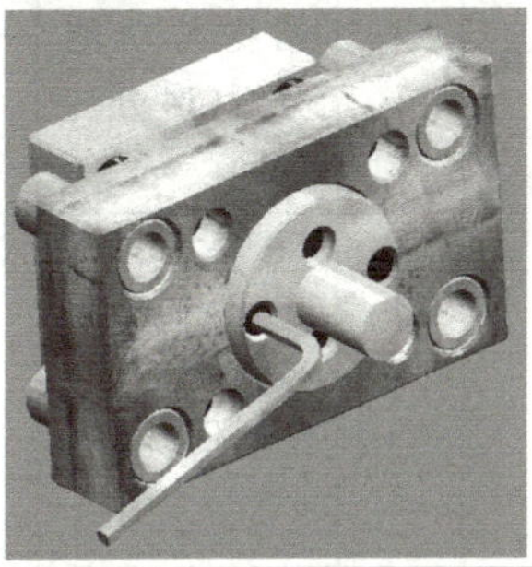

(续)

步骤	操作过程	图示
合模	用铜棒敲打上模板四周,将模具上、下模合模,要求受力均匀	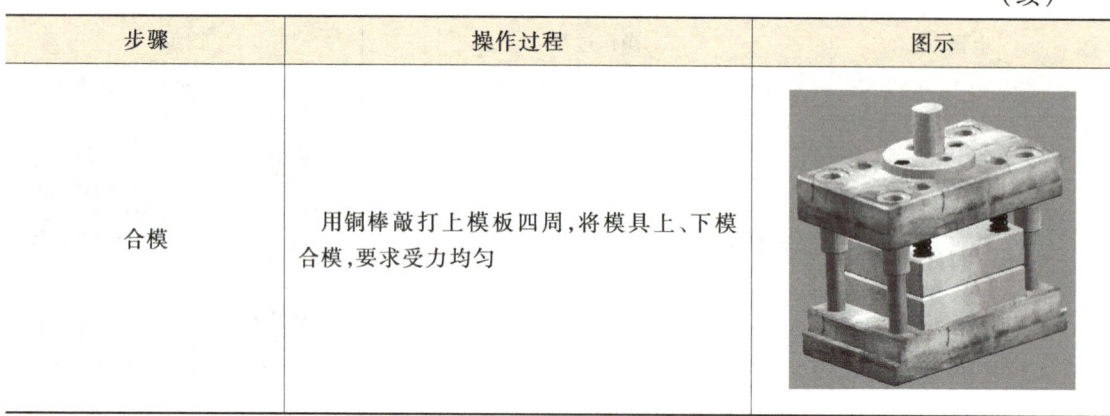

【课题评价与鉴定】

1. 课题评价

评价等级分为 A（90~100 分）、B（80~89 分）、C（70~79 分）、D（60~69 分）、E（0~59 分）五个等级。综合评价表见表 2-20。

表 2-20 综合评价表

姓名			评定等级		总分			
课题	序号	评价内容	评价标准	配分	小组互评 50%	教师评价 50%	单项总分
单工序模的测绘与装配	1	分析模具结构(3分)	能正确读装配示意图并进行分析	3分			
	2	分析模具工作过程(5分)	准确简述模具工作过程	5分			
	3	测绘模具(40分)	上交零件图4张,每图8分	32分			
			上交装配图1张	8分			
	4	模具零件结构与功能分析(14分)	正确找出各零件与装配图中的对应关系,错1个扣1分	4分			
			正确说出每个零件的功能,错1个扣1分	10分			
	5	装配模具(26分)	装配顺序正确,错1次扣1分	10分			
			动作规范,错1次扣1分	10分			
			无剩余零件	2分			
			装配时间15min,超1min扣2分	4分			

（续）

课题	序号	评价内容	评价标准	配分	小组互评50%	教师评价50%	单项总分
单工序模的测绘与装配	6	纪律（4分）	不迟到、不早退、不旷课	2分			
			服从安排，遵守安全操作规程，文明装配，零件摆放整齐，场地干净	2分			
	7	小组合作（8分）	成员之间交流、沟通、合作效果好	8分			

2. 课题学习情况鉴定

学习情况鉴定表详见表2-21。

表2-21　学习情况鉴定表

	本课题同学们有哪些收获？
自我鉴定	 学生签名： 年　月　日
指导教师鉴定	 指导教师签名： 年　月　日

【思考与练习】

一、填空题

1. 冲孔模的运动过程：_____→_____→_____→_____→_____→_____→_____→_____。

2. 本课题中冲孔模冲裁两孔，采用_____进行定位。

3. 冲压模按工序性质分类，可分为落料模、_____、弯曲模、_____等。

4. 装配完成的导柱，其固定端面与下模板下平面应保留_____距离。

5. 缓冲零件的弹簧既起到_____作用，又起_____作用。

6. 上模板和下模板都属于_____零件。

7. 导柱与导套装配后，其中心线应分别_____于下模板的下平面和上模板的上平面。

二、判断题

1. 导柱和模板为间隙配合，所以可拆卸。　　　　　　　　　　　（　　）
2. 拆卸内六角螺钉时，内六角扳手可以使用套管来延长力臂。　　（　　）
3. 一般装配顺序遵循的原则为先拆的零件先装，后拆的零件后装。（　　）
4. 上模板的作用为直接或间接地安装冲模的所有零件与压力机滑块连接，传递压力。　　　　　　　　　　　　　　　　　　　　　　　　　　　　　（　　）
5. 冲压模刃口一般都很锋利，拆装时要避免划伤等安全事故发生。（　　）
6. 冲孔模中紧固零件中包括内六角螺钉和定位销。　　　　　　　（　　）
7. 冲孔模中凹模固定板用来固定凹模的。　　　　　　　　　　　（　　）

三、简答题

1. 根据图 2-34 所示菱形垫片冲孔单工序模装配结构图，写出各部分的名称。
2. 简述该冲孔模的工作过程。
3. 简述该冲孔模的拆卸过程。
4. 简述该冲孔模的装配过程。
5. 简述该冲孔模零件图的绘图步骤。
6. 简述下模板的作用。

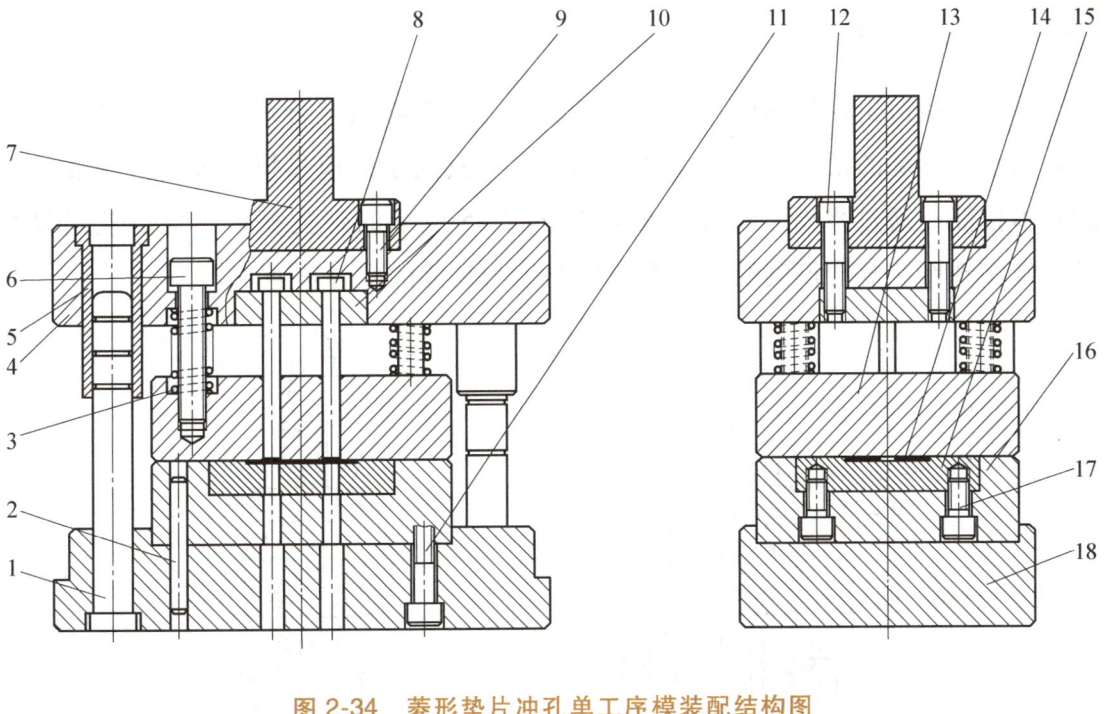

图 2-34　菱形垫片冲孔单工序模装配结构图

1—	2—	3—	4—	5—
6—	7—	8—	9—	10—
13—	14—	15—	18—	

7. 简述弹性卸料板的作用。

课题四　倒装式复合模的测绘与装配

【学习目标】

知识目标	1. 掌握带孔菱形制件倒装式复合模的零件结构组成、功能及相互配合关系 2. 掌握模具拆装的一般步骤和方法 3. 用二维绘图软件绘制带孔菱形制件倒装式复合模的非标准零件零件图 4 张，装配图 1 张
技能目标	1. 会识读模具装配图 2. 会画装配图及拆画零件图 3. 能正确地使用模具拆装及测绘中的工量具
素养目标	1. 具有安全文明生产和遵守操作规程的意识 2. 具有人际交往和团队协作的能力

模具装配与调试

【课题描述】

要生产制造出优质的模具，在模具装配环节就必须有合理的装配工艺，并且由技术水平熟练的模具钳工来完成。同时，模具测绘是模具技术人员必须要掌握的基本技能。通过本课题测绘并装配如图 2-35 所示的带孔菱形制件倒装式复合模，来实现倒装复合模测绘、装配方面知识与技能的融合贯通。

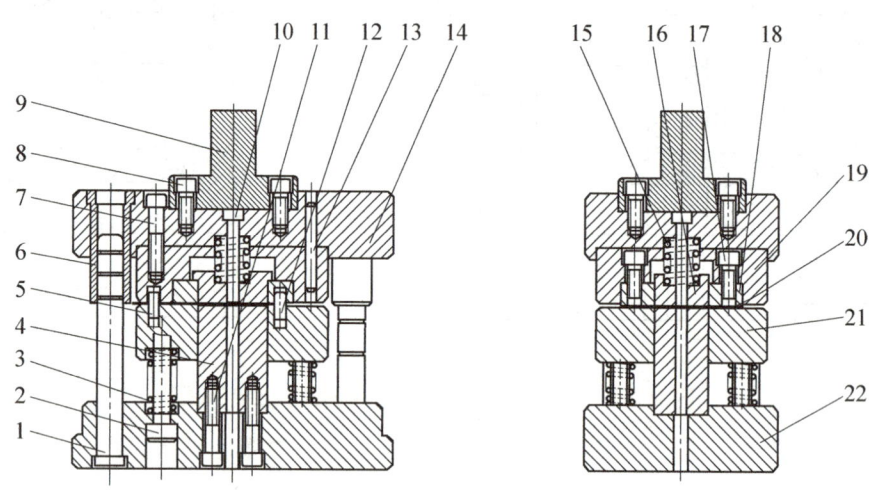

图 2-35　带孔菱形制件倒装式复合模装配结构示意图

1—导柱　2—卸料螺钉　3—卸料弹簧　4—凸凹模　5—导料销　6—导套　7、8、11、17—内六角螺钉　9—模柄　10—冲孔凸模　12—固定挡料销　13—圆柱销　14—上模板　15—推件块弹簧　16—推件块　18—凹模　19—凹模固定板　20—产品制件　21—弹性卸料板　22—下模板

带孔菱形制件倒装式复合模实物效果图如图 2-36 所示。

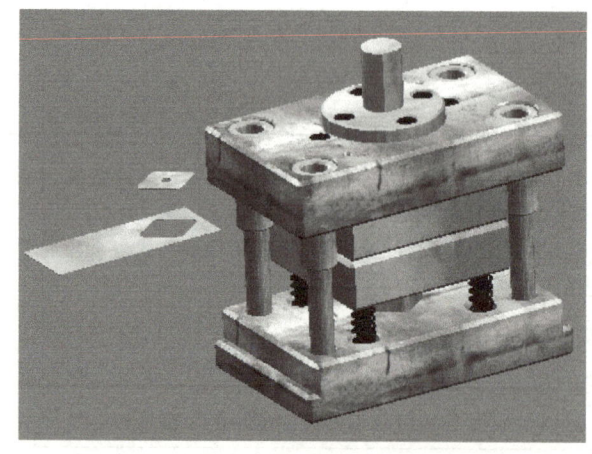

图 2-36　带孔菱形制件倒装式复合模实物效果图

【学习准备】

完成该课题需要准备的实训物品清单见表2-22。

表2-22 实训物品清单

序号	实训资源	种类	数量	备注
1	冲压模	复合模实物模型	1副/组	带孔菱形制件倒装式复合模实物模型
2	辅助软件	德立天虚拟工厂软件（或其他拆装软件）	1套/人	
3	拆装工具	内六角扳手	1套/组	
		铜棒或橡胶锤	1个/组	
		平行垫铁	2块/组	
		长销子	1个/组	
		短销子	1个/组	
4	量具	0~150mm 游标卡尺	1把/组	
		0~100mm 外径千分尺	1把/组	
		内径千分尺	1把/组	
		百分表	1块/组	
5	绘图工具	常用绘图工具	1套/人	包括图板、绘图铅笔、丁字尺、三角板、圆规、橡皮等
6	图纸	A3	1张/组	
		A4	8张/组	

【相关知识】

在冲压模装配时，凸、凹模之间的配合间隙是否均匀将直接影响制件的质量。同时，对冲压模具使用寿命的影响也至关重要。实际生产中常见的调整凸、凹模配合间隙的方法有以下几种。

1. 透光调整法

将模具的上模部分和下模部分分别装配，螺钉不要紧固，定位销暂不装配。如图2-37所示，将等高垫块放在固定板及凹模之间，并用平行夹头夹紧，翻转模具，用手灯或手电筒照射，从漏料孔观察光线透过多少，确定间隙是否均匀并调整至合适间隙。然后，紧固螺钉，装配定位销。经固定后的冲模要用相当于板料厚度的样件进行试冲。如果样件四周毛刺较小且均匀，则说明配合间隙调整合适。如果样件某段毛刺较大，则说明间隙不均匀，该处间隙较大，应重新调整至试冲合适为止。

2. 垫片法

如图 2-38 所示，垫片法是根据凸、凹模配合间隙的大小在凸、凹模配合间隙内垫入厚度均匀的纸片或金属片，然后调整凸、凹模的相对位置，保证配合间隙均匀。

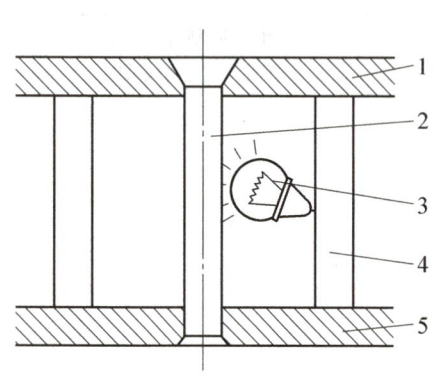

图 2-37　透光法调整配合间隙

1—凹模　2—凸模　3—光源
4—垫块　5—固定板

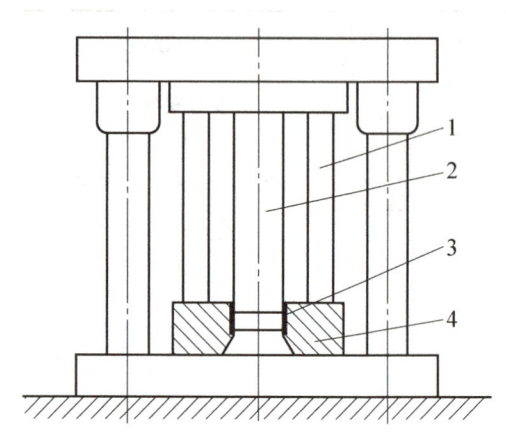

图 2-38　垫片法调整配合间隙

1—等高垫块　2—凸模　3—垫片　4—凹模

3. 测量法

测量法是将凸模插入凹模型孔内，用塞尺检查凸、凹模四周配合间隙是否均匀，根据检查结果调整凸、凹模相对位置，使两者各部分间隙均匀。测量法适用于配合间隙（单边）在 0.02mm 以上的模具。

4. 涂层法

涂层法是在凸模上涂一层磁或氨基醇绝缘漆涂料，其厚度等于凸、凹模的单边配合间隙；再将凸模调整好相对位置，插入凹模型孔，以获得均匀的配合间隙。此方法适用于小间隙冲模的调整。

5. 镀铜法

镀铜法是在凸模工作端镀一层厚度等于单边配合间隙的铜，使凸、凹模装配后的配合间隙均匀。镀层在模具使用中可自行脱落，装配后不必去除。

【课题实施】

该课题的实施可参考表 2-23 中的流程完成。

表 2-23　课题实施流程

序号	课题流程	学时分配
1	学习相关知识	1
2	分析模具结构	
3	分析模具工作过程	
4	测绘模具	8
5	分析模具零件结构与功能	3
6	装配模具	6
7	课题评价与鉴定	1
小计		19

一、分析模具结构

在压力机一次行程中，在模具同一位置上能完成几个不同冲裁工序的模具叫复合冲裁模。复合模可分为正装式和倒装式两种。落料凹模安装在下模，凸凹模装在上模的称为正装式复合模；落料凹模安装在上模，凸凹模装在下模的称为倒装式复合模。倒装式复合模适用于制件平面度要求不高的厚板、多孔的冲裁制件，操作方便、安全。此课题的带孔菱形制件倒装式复合模冲压中间带孔的菱形制件，依靠导柱、导套进行开合模导向定位，采用挡料销与导料销配合定位，上模和下模均采用弹性卸料装置。

二、分析模具工作过程

该模具的工作过程：开模后，将条料沿导料销 5 送至固定挡料销 12 处进行条料定位，上、下模依靠导柱 1 和导套 6 进行合模冲裁。上模下行，推件块 16 先接触条料，推件块弹簧 15 受力压缩将条料压住。上模继续下行，冲孔凸模 10、凹模 18 和凸凹模 4 进行工作，进行冲孔和落料工序。冲孔后的废料沿凸凹模 4 的洞口依次推出，经下模板 22 和压力机台面上的孔依次漏下。上模推件块弹簧 15 弹力释放，推件块 16 不动，上模继续上移，推件块 16 将制件从冲孔凸模 10 和凹模 18 上刮下。同时，下模卸料弹簧 3 释放弹力，弹性卸料板 21 将箍在凸凹模 4 上的条料刮下来。模具打开，取出制件，准备下一次冲裁。

该模具的运动过程：闭合状态→冲孔、落料→模具复位→开模→移除产品→移除带料→合模。模具工作过程如图 2-39 所示。

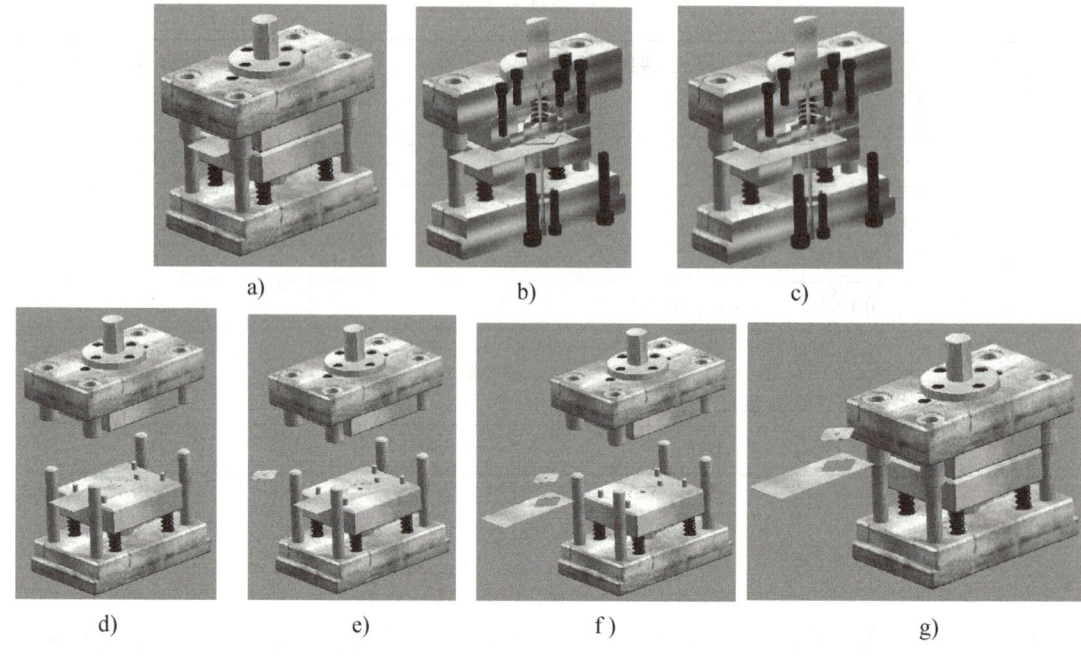

图 2-39 模具工作过程

三、测绘模具

1. 绘制冲压模装配结构示意图

带孔菱形制件倒装式复合模装配结构示意图如图 2-35 所示。

2. 测绘冲压模零件草图

根据相关知识中冲压模零件图的测绘的方法和要求进行测绘。本课题为测量实训,需要测绘者绘出非标准零件草图 4 张及其零件 4 张。因实际装配体进行测绘中的零件图与零件草图内容一致,本书只列出二维软件绘制的零件图,如图 2-41~图 2-44 所示。

视频 2-8 带孔菱形制件倒装式复合模工作过程

3. 绘制冲压模平面装配图

带孔菱形制件倒装式复合模的装配图如图 2-40 所示。

4. 由冲压模平面装配图拆画零件图

图 2-41~图 2-44 所示为带孔菱形制件倒装式复合模拆画后的部分零件图。

四、分析模具零件结构与功能

结合模具装配图及模具实物模型,认识各零件的结构、功能及数量,见表 2-24。

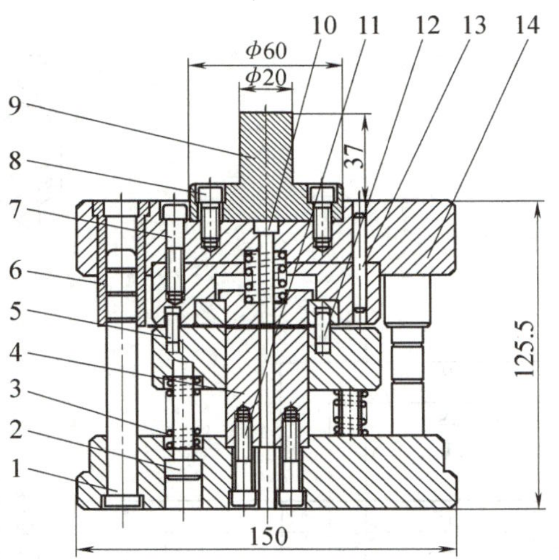

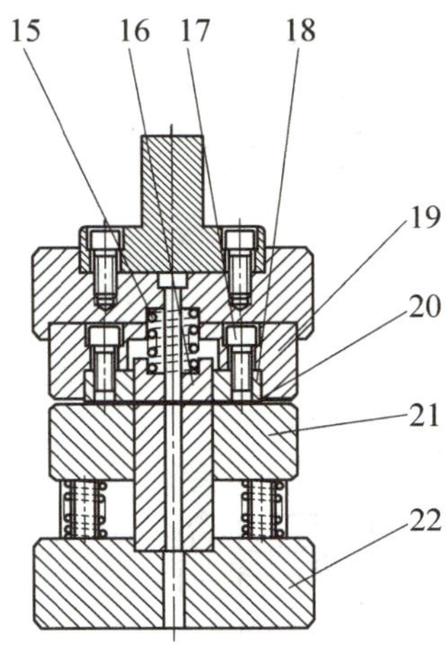

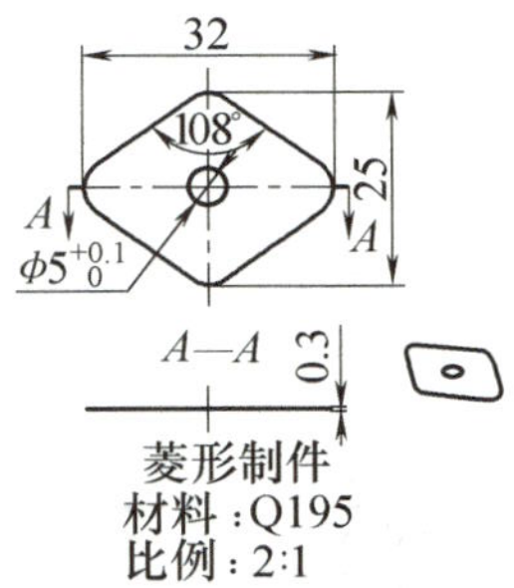

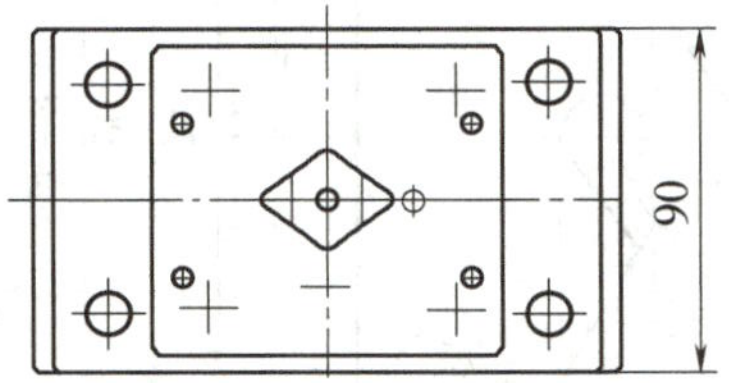

技术要求：

1. 装配时应保证凸、凹模之间的间隙均匀一致，配合间隙符合设计要求，不采用使凸、凹模变形的方法来修正间隙。
2. 各接合面保证密合。
3. 冲模的工作部分应经常刃磨抛光，在刃磨时，刃磨量不应超过刃口的变钝半径；抛光时，抛光量不大于0.01mm。
4. 各卸料螺钉沉孔深度应保持一致。
5. 各卸料螺钉、顶杆的长度应保持一致。

序号	零件名称	材质	数量	规格	备注
22	下模板	铝合金	1	150×90×30	
21	弹性卸料板	铝合金	1	90×80×25	
20	产品制件	Q195	1		
19	凹模固定板	铝合金	1	90×80×25	
18	凹模	718	1	56×56×10	
17	内六角螺钉	S45C	2	M6×10	
16	推件块	铝合金	1	32×25×14	
15	推件块弹簧	弹簧钢	1	ϕ16×ϕ2×25	
14	上模板	铝合金	1	150×90×30	
13	圆柱销	SKH51	2	ϕ5×45	
12	固定挡料销	SKH51	1	ϕ5×15	
11	内六角螺钉	S45C	2	M6×10	
10	冲孔凸模	SKH51	1	ϕ5×37	
9	模柄	铝合金	1	ϕ60×45	
8	内六角螺钉	S45C	4	M6×10	
7	内六角螺钉	S45C	2	M6×10	
6	导套	SJU2	4	ϕ12×45	
5	导料销	SKH51	4	ϕ5×15	
4	凸凹模	718	1	32×25×48.5	
3	卸料弹簧	弹簧钢	4	ϕ12×ϕ1.5×35	
2	卸料螺钉	S45C	4	M8×60	
1	导柱	SJU2	4	ϕ12×95	

×××公司

版次	1	制图		图样编号	
单位	mm	审核		模具结构	倒装式复合模
第三视角	⊕⊲	日期		产品名称	菱形制件
图档路径					

图 2-40　带孔菱形制件倒装式复合模装配图

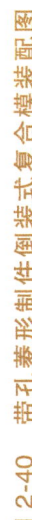

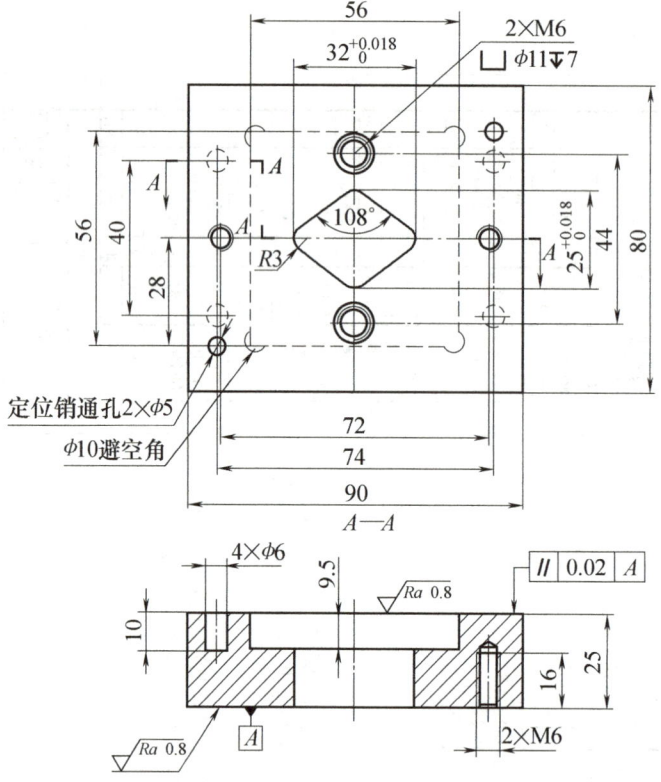
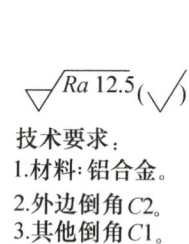

图 2-41 凹模固定板

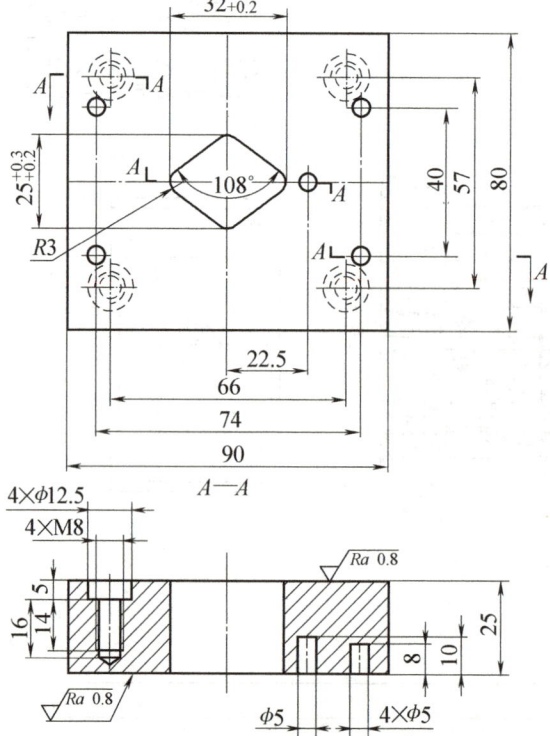
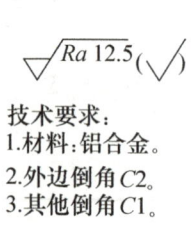

图 2-42 弹性卸料板

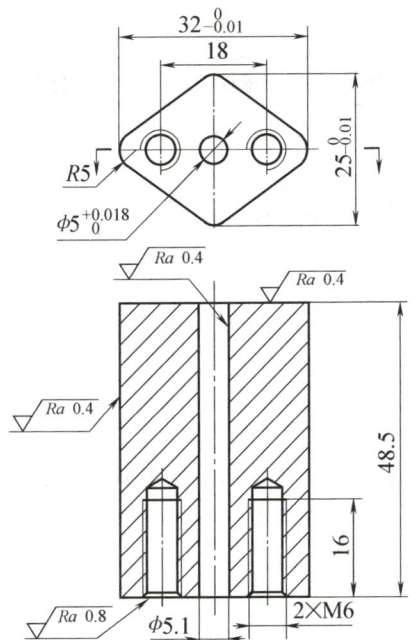

图 2-43 凸凹模

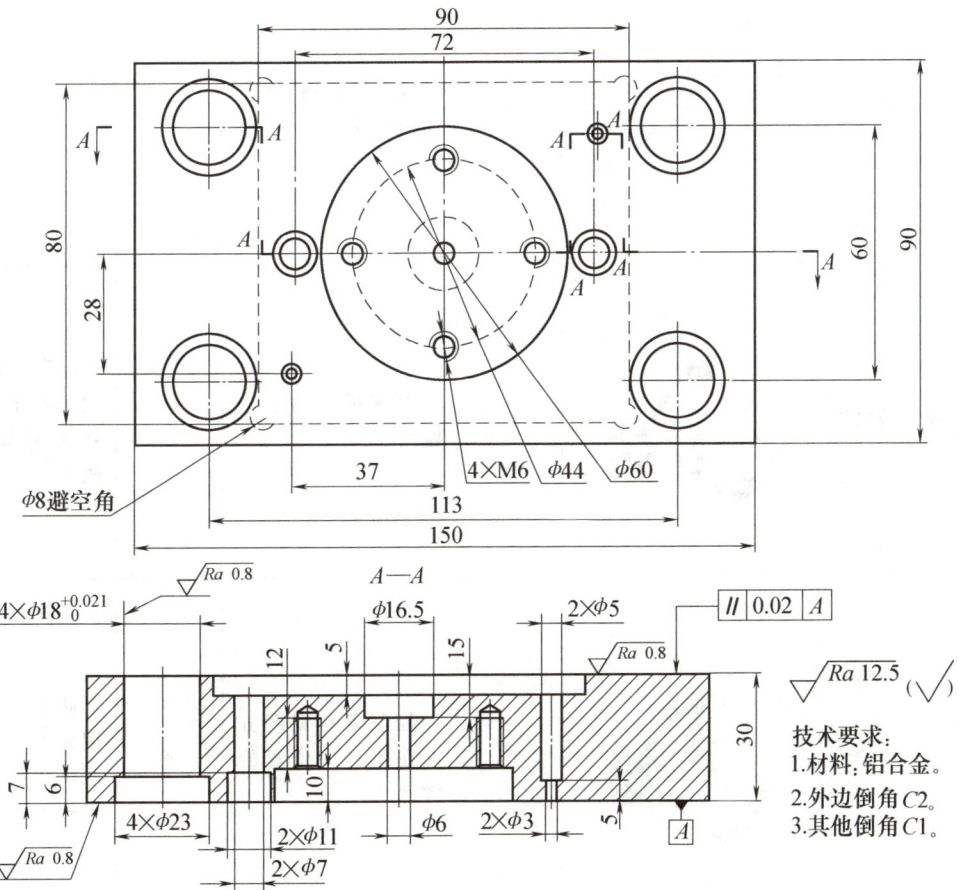

图 2-44 上模板

表 2-24　带孔菱形制件倒装式复合模各零件的结构、功能与数量表

分类	零件名称	零件图示	零件序号	零件功能	零件数量	备注
工作零件	冲孔凸模		10	成形制品内表面的零件	1	
工作零件	凹模	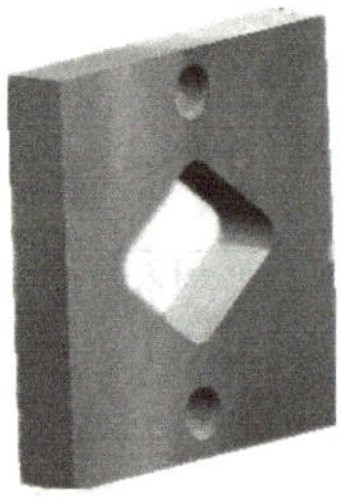	18	成形制品外表面的零件	1	
工作零件	凸凹模		4	成形制品内、外表面的零件	1	
定位零件	固定挡料销	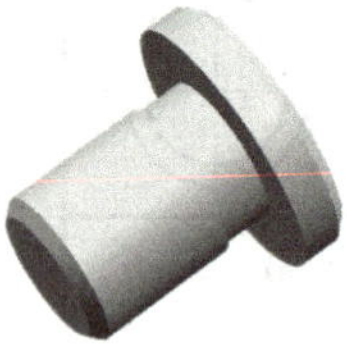	12	控制板料的送进距离	1	此套模具选用固定挡料销,形状尺寸同导料销5
定位零件	导料销		5	控制条料宽度方向在模具中位置的零件	4	此套模具选用固定导料销,形状尺寸同固定挡料销12

（续）

分类	零件名称	零件图示	零件序号	零件功能	零件数量	备注
退料零件	卸料零件 弹性卸料板		21	将材料从凸模上卸下的零件	1	
	卸料螺钉		2	紧固、连接	4	
	卸料弹簧		3	工作时承受压力,具有抵抗和缓冲压力的作用。为压料和卸料提供弹力	4	
	推件零件 推件块	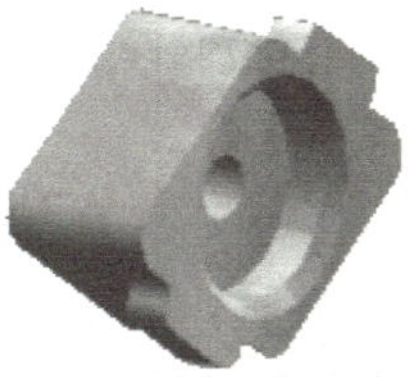	16	将材料由凹模内顺着冲压方向推出的零件	1	
	推件块弹簧		15	工作时承受压力,具有抵抗和缓冲压力的作用。为压料和卸料提供弹力	1	
模架零件	导向零件 导柱		1	导柱与导套相配合,保证上、下模正确运动,不至于使上、下模位置产生偏移	4	不可拆卸
	导套		6		4	不可拆卸
	支承零件 模柄		9	将上模固定在压力机滑块上	1	

（续）

分类	零件名称	零件图示	零件序号	零件功能	零件数量	备注
模架零件	上模板		14	直接或间接地安装冲模的所有零件,与压力机滑块连接,传递压力	1	
模架零件	下模板		22	直接或间接地安装冲模的所有零件,与工作台连接,传递压力	1	
模架零件	凹模固定板		19	固定凹模	1	
紧固零件	内六角螺钉		8	紧固、连接	4	
紧固零件	内六角螺钉		7	紧固、连接	2	
紧固零件	内六角螺钉		11	紧固、连接	2	
紧固零件	内六角螺钉		17	紧固、连接	2	
紧固零件	圆柱销	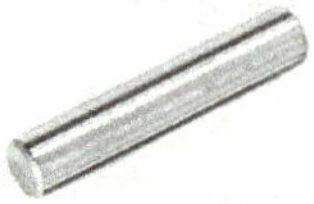	13	定位、连接	2	

(续)

分类	零件名称	零件图示	零件序号	零件功能	零件数量	备注
其他	产品制件		20	冷冲压成形的制件	1	每次冲压一个制件

五、装配模具

在实训课中，装配已拆卸的倒装式复合模。观察该套模具的实际结构，结合模具装配图，按装配要求及相关零件的配合关系（表 2-25）正确装配模具。拟定装配顺序，以"先拆的零件后装，后拆的零件先装"为一般原则指定装配顺序。本套模具按拟定的下模装配→上模装配→合模顺序，将全部模具零件装回原来的位置，可依据表 2-26 中的顺序进行装配。注意正反方向钢印标识，防止漏装。

对凸、凹模配合间隙要尤为注意，冲压模刃口一般都很锋利，要避免被其划伤，也要避免刃口被损坏。

观察装配后的模具和拆卸前的是否一致，检查是否有错装和漏装。

表 2-25 相关零件的配合关系

配合部位	配合关系	配合状态	可否拆卸
导柱、导套分别与模板	H7/r6	过盈配合	不可拆卸
导柱与导套	H7/h6 或 H6/h5	间隙配合	可拆卸
凸缘式模柄与上模板	H7/h6 或 H7/js6	间隙配合或过渡配合	可拆卸
模柄与压力机滑块模柄孔	H11/d11	间隙配合	可拆卸
冲孔凸模、凹模、凸凹模分别与固定板	H7/m6	过渡配合	可拆卸
圆柱销与固定板、模板	H7/n6	过渡配合	可拆卸
固定挡料销、导料销与卸料板	H7/m6 或 H7/n6	过渡配合	可拆卸
推件块与凹模和冲孔凸模	H8/f8	间隙配合	可拆卸

带孔菱形制件倒装式复合模装配步骤见表 2-26。表 2-26 中的图示为在德立天虚拟工厂拆装软件中的装配效果图。

视频 2-9　带孔菱形制件倒装式复合模在德立天虚拟工厂拆装软件中的装配过程

表 2-26　带孔菱形制件倒装式复合模安装步骤

步骤		操作过程	图示
整套模具拆卸后的零件摆放全图			
装配下模	装配凸凹模组件	放置好下模板 22	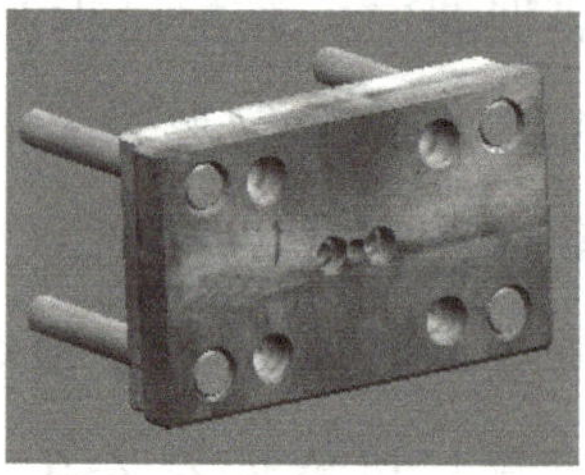
		装配凸凹模 4	
		装配内六角螺钉 11	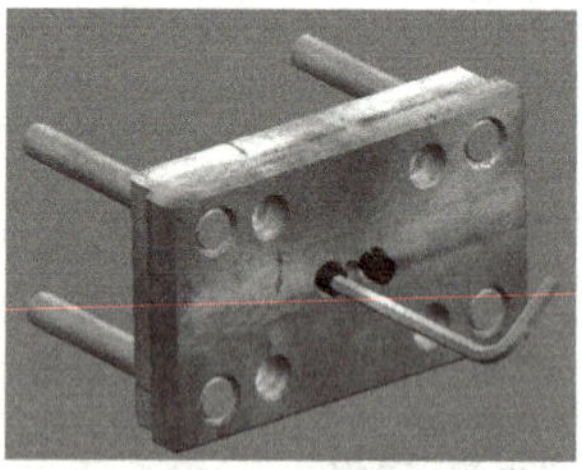
	装配卸料组件	放置好弹性卸料板 21	

（续）

步骤		操作过程	图示
装配下模	装配卸料组件	装配导料销 5 和固定挡料销 12	
		装配卸料弹簧 3	
		装配卸料组件	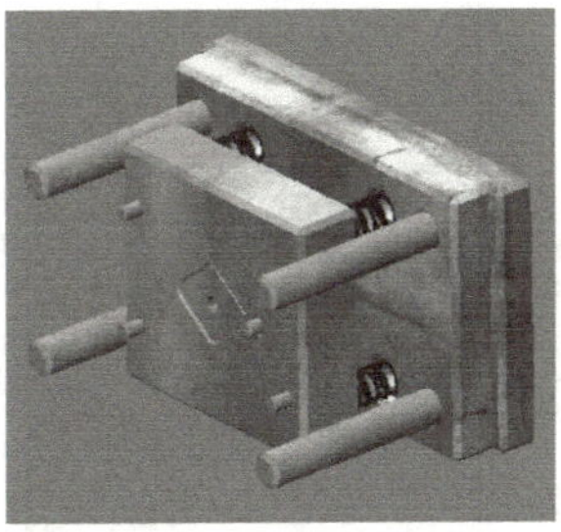
		装配卸料螺钉 2	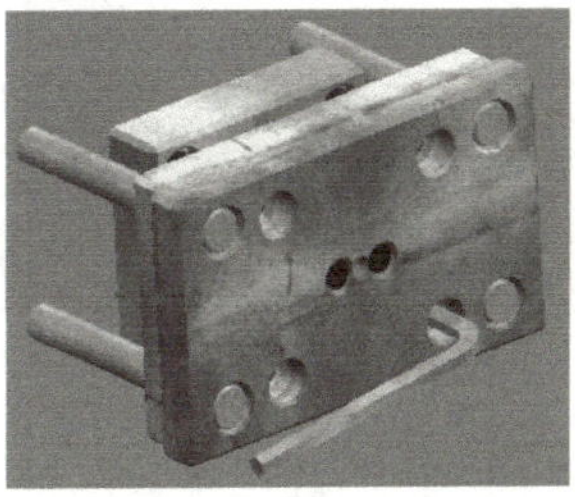

（续）

步骤		操作过程	图示
装配上模	装配凹模和推件块组件	放置好上模板 14	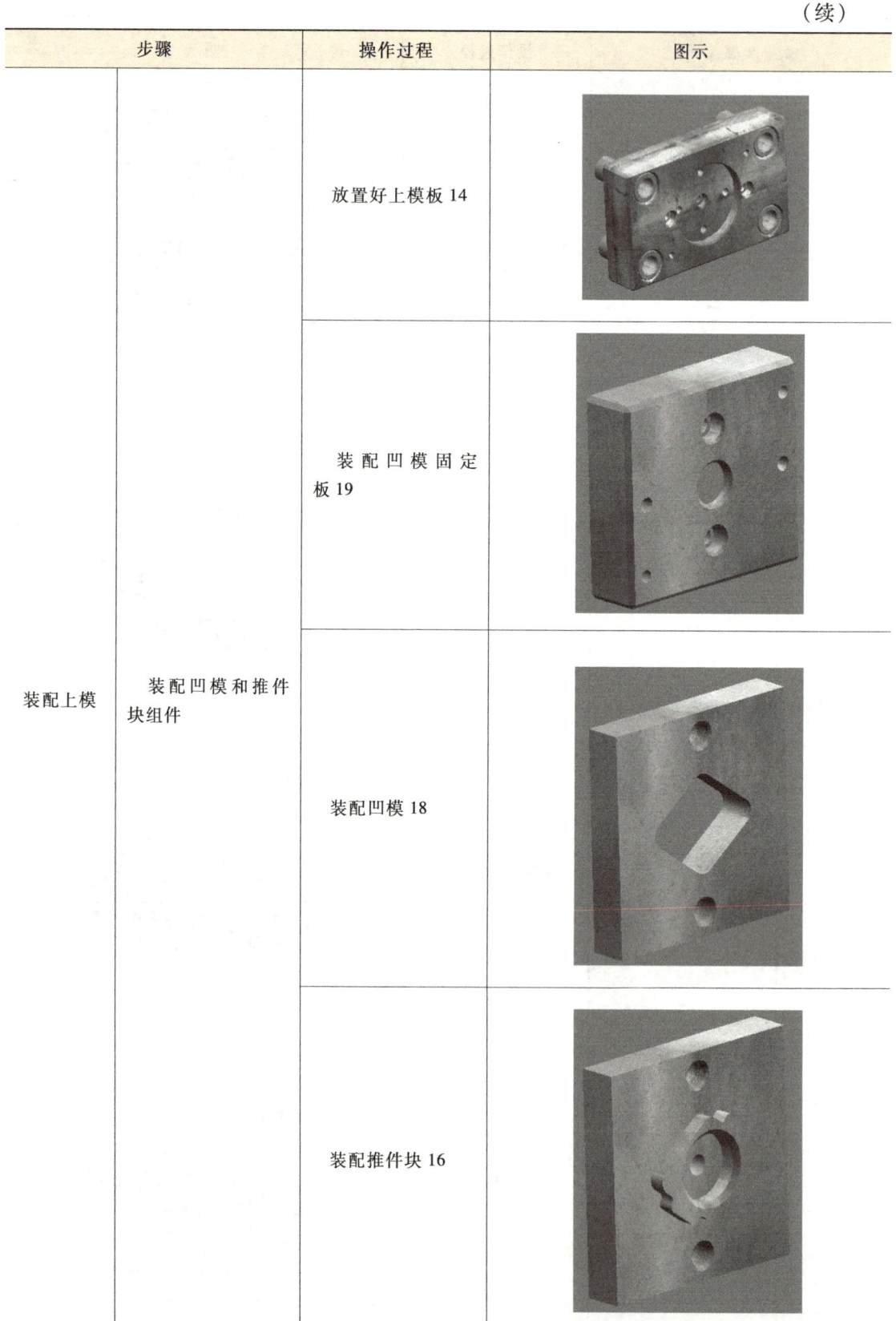
		装配凹模固定板 19	
		装配凹模 18	
		装配推件块 16	

（续）

步骤		操作过程	图示
装配上模	装配凹模和推件块组件	装配凹模组件	
		装配内六角螺钉17	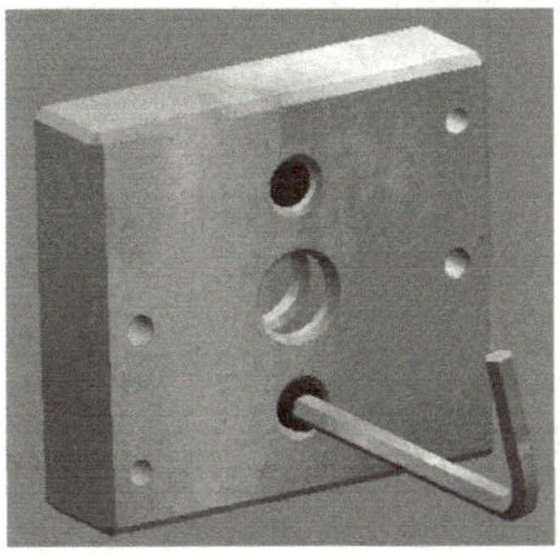
		装配推件块弹簧15	
		装配凹模固定板组件	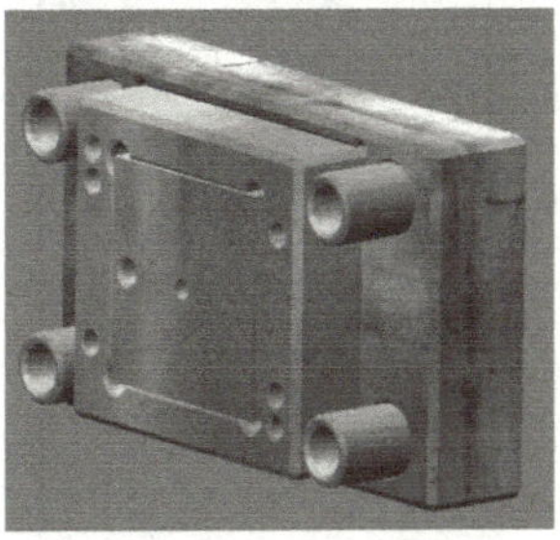
		装配圆柱销13	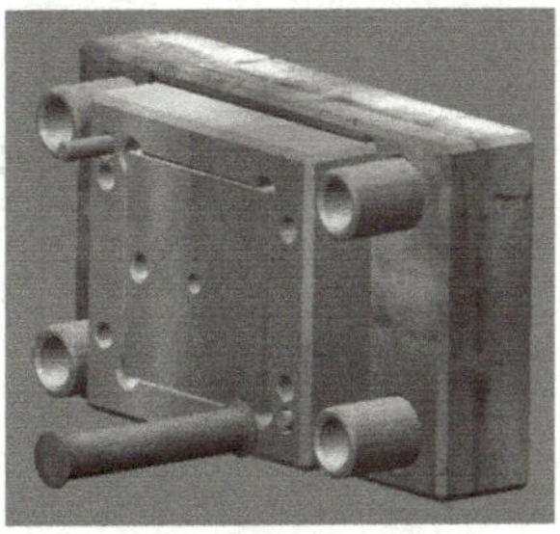

（续）

步骤		操作过程	图示
装配上模	装配凹模和推件块组件	装配内六角螺钉7	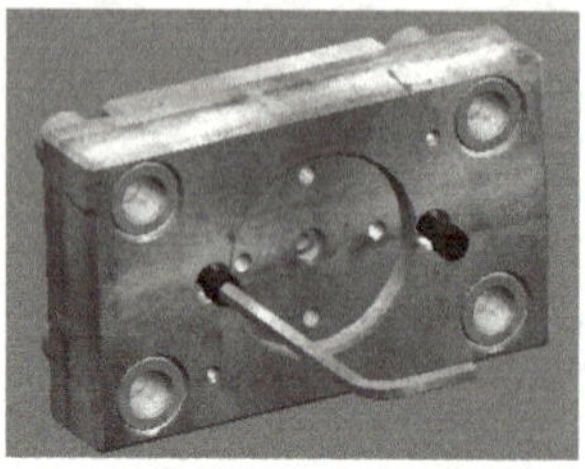
	装配冲孔凸模10	装配冲孔凸模10	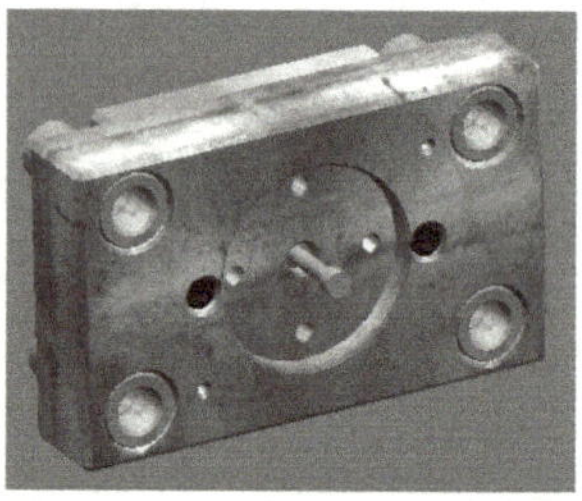
	装配模柄9	装配模柄9	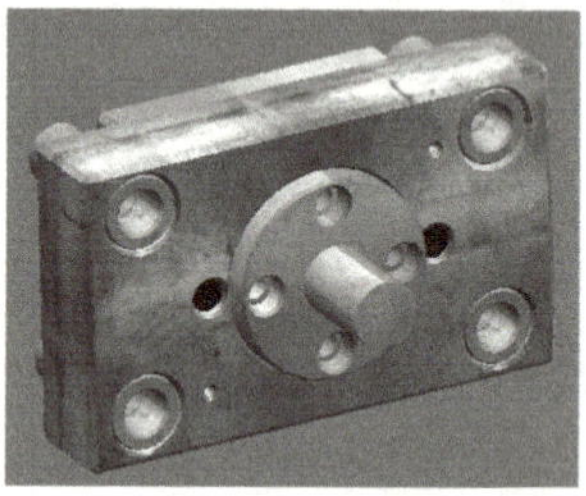
		装配内六角螺钉8	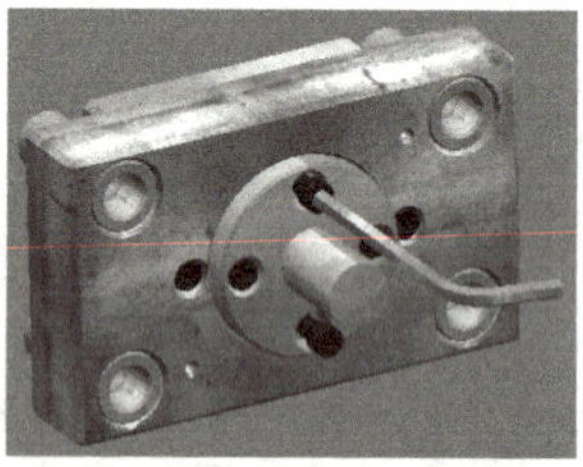
合模		用铜棒敲打上模板四周，将模具上、下模分开，要求受力均匀	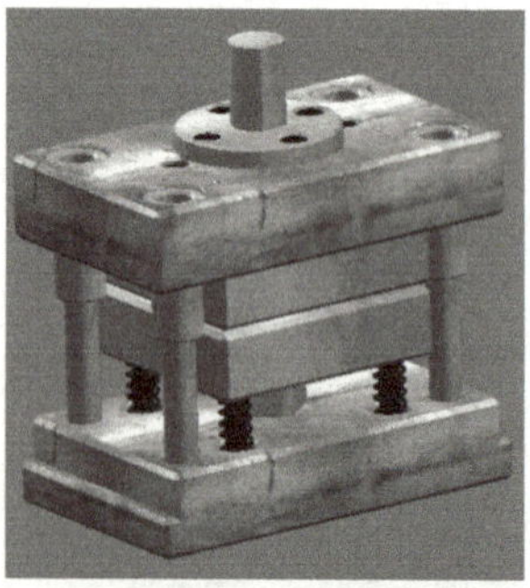

【课题评价与鉴定】

1. 课题评价

评价等级分为 A（90～100 分）、B（80～89 分）、C（70～79 分）、D（60～69 分）、E（0～59 分）五个等级。综合评价表见表 2-27。

表 2-27　综合评价表

姓名				评定等级	总分			
课题	序号	评价内容	评价标准	配分	小组互评 50%	教师评价 50%	单项总分
倒装式复合模的测绘与装配	1	分析模具结构（3 分）	能正确读装配示意图并进行分析	3 分			
	2	分析模具工作过程（5 分）	准确简述模具工作过程	5 分			
	3	测绘模具（40 分）	上交零件图 4 张，每图 8 分	32 分			
			上交装配图 1 张	8 分			
	4	模具零件结构与功能分析（14 分）	正确找出各零件与装配图中的对应关系，错 1 个扣 1 分	4 分			
			正确说出每个零件的功能，错 1 个扣 1 分	10 分			
	5	装配模具（26 分）	装配顺序正确，错 1 次扣 1 分	10 分			
			动作规范，错 1 次扣 1 分	10 分			
			无剩余零件	2 分			
			装配时间 15min，超 1min 扣 2 分	4 分			
	6	纪律（4 分）	不迟到、不早退、不旷课	2 分			
			服从安排，遵守安全操作规程，文明装配，零件摆放整齐，场地干净	2 分			
	7	小组合作（8 分）	成员之间交流、沟通、合作效果好	8 分			

2. 课题学习情况鉴定

学习情况鉴定表详见表 2-28。

表 2-28　学习情况鉴定表

自我鉴定	本课题同学们有哪些收获？ 学生签名： 　　年　　月　　日
指导教师 鉴定	 指导教师签名： 　　年　　月　　日

【思考与练习】

一、填空题

1. 复合模可分为_____复合模和_____复合模两种。
2. 落料凹模安装在_____，凸凹模装在_____的称为倒装式复合模。
3. 倒装式复合模的运动过程：_____→_____→_____→_____→_____→_____→_____→_____。
4. 冲孔凸模、凹模、凸凹模分别与固定板是_____配合。
5. 排样图上的送料方向与模具视图上的送料方向_____。
6. _____适用于冲压模装配中凸、凹模小间隙的调整。

二、判断题

1. 落料凹模安装在上模，凸凹模装在下模的称为正装式复合模。　　（　　）

2. 倒装式复合模适用于制件平面度要求不高的厚板、多孔的冲裁制件。
（   ）

3. 圆柱销与固定板、模板为间隙配合，可拆卸。（   ）

4. 推件块与凹模和冲孔凸模为间隙配合，不可拆卸。（   ）

5. 排样图，一般画在俯视图与明细栏之间或工件图下面。（   ）

6. 涂层法适用于配合间隙（单边）在 0.02mm 以上的模具。（   ）

三、简答题

1. 根据图 2-45 所示倒装式复合模装配结构图，写出各部分的名称。

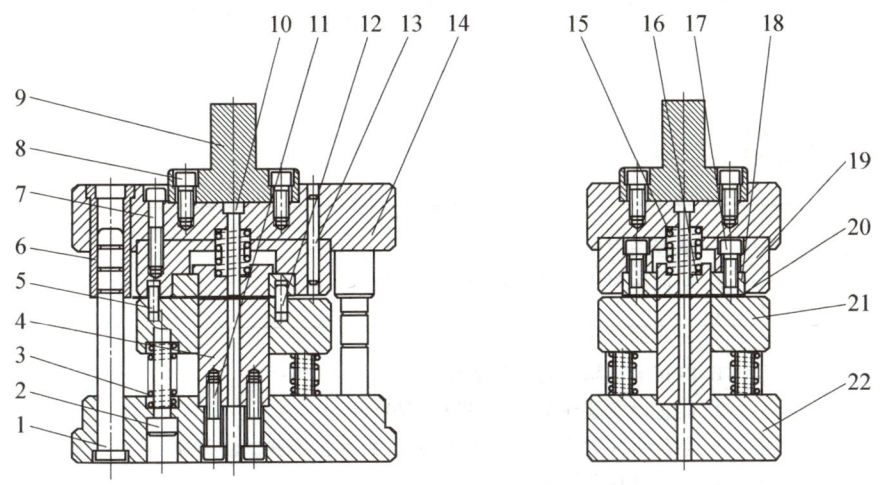

图 2-45　带孔菱形制件倒装式复合模装配结构示意图

1—_____　2—_____　4—_____　5—_____
6—_____　7—_____　8—_____　9—_____
10—_____　11—_____　12—_____　13—_____
14—_____　15—_____　18—_____　19—_____
20—_____　21—_____　22—_____

2. 简述该倒装式复合模的工作过程。

3. 简述该倒装式复合模的拆卸过程。

4. 简述该倒装式复合模的装配过程。

5. 简述导料销的作用。

6. 倒装式复合模中定位零件包含哪些零件？其作用是什么？

7. 常见的调整凸、凹模配合间隙的方法有哪几种？

单元三　模具安装与调试

课题一　典型注射模的安装与调试

【学习目标】

知识目标	1. 掌握注射机的分类 2. 掌握注射机的结构组成和工作原理
技能目标	1. 能正确识别注射机的类型 2. 能正确安装注射模,并进行试模 3. 会分析注射产品缺陷产生的原因,并正确调试注射模 4. 会正确保养注射机
素养目标	1. 自觉遵守安全文明生产规程,养成安全文明生产习惯 2. 养成踏实严谨、总结反思、团队合作的职业素养

【课题描述】

要生产制造出优质的模具,还需要在装配之后进行试模检验,检验合格后交付客户。所以,模具的安装与调试(试模)是模具生产中重要的环节之一。本课题以帽盖潜水口单分型面注射模的安装与调试为例学习注射模的安装与调试。

【学习准备】

完成该课题需要准备的实训物品清单见表 3-1。

表 3-1　实训物品清单

序号	实训资源	种类	数量	备注
1	注射模	单分型面注射模实物模型	1 副/组	帽盖潜水口单分型面注射模实物模型
2	注射机	教学用仿真注射机	1 台/组	
3	塑料原料	PE 或 PP	1 份/组	
4	拆装工具	内六角扳手	1 套/组	
		铜棒或橡胶锤	1 把/组	
		平行垫铁	2 块/组	
		活动扳手	1 个/组	
		塑料周转箱	1 个/组	
5	量具	0~150mm 游标卡尺	1 把/组	
		0~100mm 外径千分尺	1 把/组	
		内径千分尺	1 把/组	
		百分表	1 块/组	
6	劳动防护用品	防护眼镜、防护工作服	1 套/人	

【相关知识】

注射机（又名注塑机）的全称应为塑料注射成型机，是将热塑性塑料或热固性塑料利用塑料成型模具制成各种形状的塑料制品的主要成型设备。注射成型是通过注射机和模具来实现的。

1. 注射机的分类

注射机的分类方法有很多，按塑料塑化方式可分为柱塞式注射机和螺杆式注射机；按机器的传动方式可分为液压式注射机和机械式注射机；按注射机合模部件与注射部件配置的形式，可分为卧式注射机、立式注射机、角式注射机，如图 3-1～图 3-4 所示。

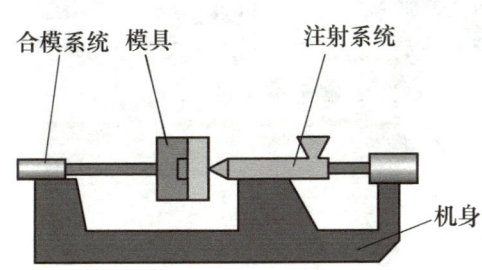

图 3-1　卧式注射机示意图

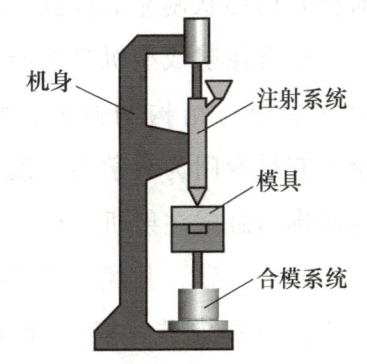

图 3-2　立式注射机示意图

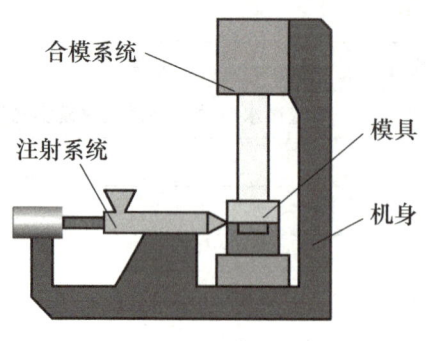

图 3-3　角式注射机示意图（一）

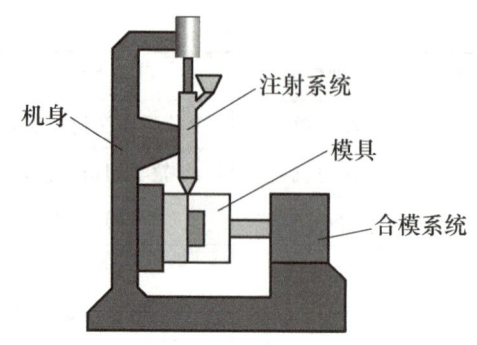

图 3-4　角式注射机示意图（二）

（1）卧式注射机　卧式注射机示意图如图 3-1 所示。卧式注射机是目前使用最广、产量最大的注射机。卧式注射机的特点是注射方向和合模方向一致，并平行于安装地面。其优点是机体较低，重心低，工作平稳，模具安装、操作、加料及维修均较方便，模具开档大，成型后顶出塑件可利用重力作用自动落下，利于自动化操作，占用空间高度小；缺点是模具的安装和安放嵌件比较麻烦，机器的占地面积较大。卧式注射机广泛应用于大、中、小型机。

（2）立式注射机　立式注射机示意图如图 3-2 所示。立式注射机的特点是注射方向与合模方向一致，与机器安装底面垂直。其优点是占地面积小，模具装拆方便，嵌件安装容易，自料斗落入物料能较均匀地进行塑化易实现自动化及多台机自动线管理等；缺点是塑件顶出后须用手取出，不易实现全自动化操作和大型制品注射，并且机身高，加料、维修不便，对厂房高度有一定要求。大、中型机不宜采用立式注射机。

（3）角式注射机　角式注射机示意图如图 3-3 和图 3-4 所示。其注射方向与合模方向呈垂直排列。其优点介于立式、卧式两种注射机之间，其结构简单，便于制造，特别适用于成型开设侧浇口非对称几何形状制品的模具。

仿真注射成型机是按照上述三类注射机原理与结构制造的，如图 3-5 所示。它是专门为教学培训设计的，其结构基本与卧式注射机一样，工作原理和操作基本一致，其优点是重心低，工作平稳，模具安装、操作及维修均较方便，模具开档大，占用空间高度小，占

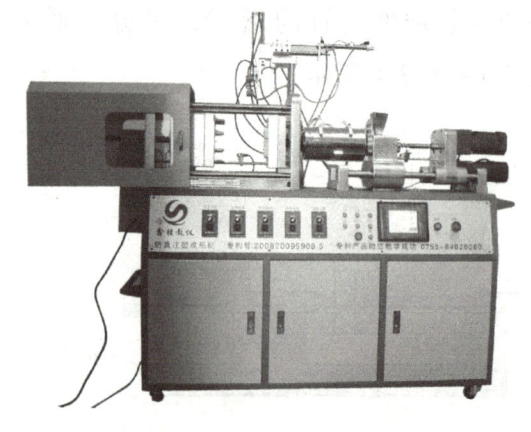

图 3-5　仿真注射成型机

地面积比较小，在教学培训时广泛应用。

2. 注射机的组成

注射机的结构组成示意图如图 3-6 所示。

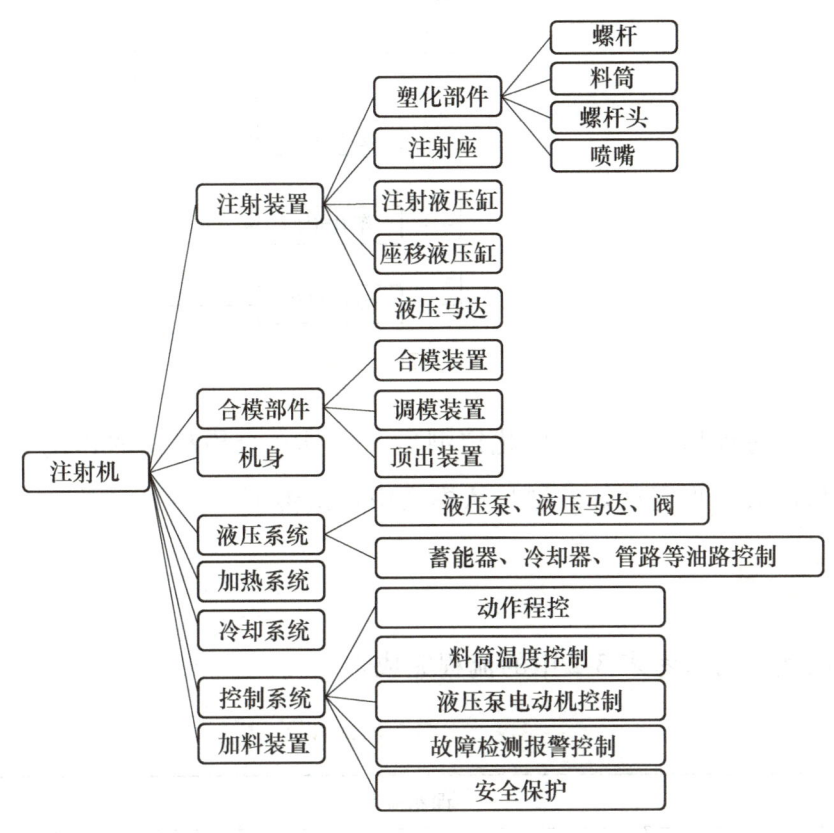

图 3-6　注射机的结构组成示意图

3. 注射机的工作原理

注射机的工作过程主要由合模过程，注射装置前进和射料过程，保压过程，冷却和预塑过程，注射装置退回、开模及制品顶出过程组成。注射机工作循环流程如图 3-7 所示。

注射成型是利用塑料的热物理性质，把物料从料斗加入料筒中，料筒外由加热圈加热，使物料熔融，在料筒内装有在外动力马达作用下驱动旋转的螺杆，物料在螺杆的作用下，沿着螺槽向前输送并压实，物料在外加热和螺杆剪切的双重作用下逐渐地塑化、熔融和均化。当螺杆旋转时，物料在螺槽摩擦力及剪切力的作用下，把已熔融的物料推到螺杆的头部，与此同时，螺杆在物料的反作用下后退，使螺杆头部形成储料空间，完成塑化过程；然后，螺杆在注射液压缸的活塞推力的作用下，以高速、高压将储料室内的熔融料通过喷嘴注射到模具的型腔中，

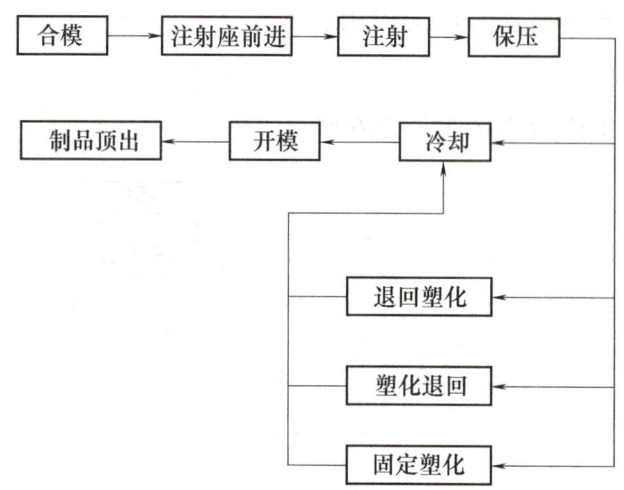

图 3-7 注射机工作循环流程

型腔中的熔料经过保压、冷却、固化定型后,模具在合模机构的作用下,开启模具,并通过顶出装置把定型好的制品从模具中顶出落下。

【课题实施】

该课题的实施可参考表 3-2 中的流程完成。

表 3-2 课题实施流程

序号	课题流程	学时分配
1	学习相关知识	2
2	安装与调试注射模(操作规程、试模、塑件质量分析)	4
3	注射机的维护保养规程	1
4	课题评价与鉴定	1
	小计	8

一、教学用仿真注射机安全操作规程

1)开机前,必须检查注射机安全门、控制开关、电气线路、操纵手柄、各种按钮等是否完好无损,严禁在拆下或改动安全防护装置的情况下操作机器。

2)开机前,须检查冷却管路并试验是否正常,同时检查水箱中的水位。

3)开机前,检查连接电源电压(220V)是否正常,注射机是否有良好的接地。

4）开机前，检查连接气源是否正常，气压值必须为 0.3~0.8Pa。

5）严格按要求使用所规定的塑胶原料并无杂质，例如 ABS、PE 等，推荐使用 PE。

6）严格按要求将模具正确地安装在注射机上。

7）进入动作模式后，切记要先按"水泵"按钮开启冷却水泵，再按"加温"按钮，否则可能会因为机器温度过高而损坏机器。

8）机器在运行时熔胶部分会造成局部高温，切忌用手触摸，并且勿靠近易燃易爆、易溶物品。

9）在注射机工作中，当发生故障或有异响时应立即切断电源。

10）在使用完注射机后，应关闭注射机开关及切断电源，并做好注射机的保养工作。禁止使用易燃及具有腐蚀性的清洁剂擦拭注射机。

11）学员必须在老师的指导下进行规范操作，严禁私自操作。

12）严禁在车间操作现场嬉戏打闹。

二、试模

教学用仿真注射机解决了模具和注射机不便在课堂教学的特点，教学用仿真注射机功能完全接近工业生产的注射机，而且微缩简化，具有体积小，振动小，噪声小，可落地放置，结构简单，适用于课堂教学等优点。本课题以帽盖潜水口单分型面注射模安装为例描述注射模的安装与调试，见表3-3。

视频 3-1　帽盖潜水口单分型面注射模的安装与调试（仿真注射机操作说明）

表 3-3　帽盖潜水口单分型面注射模的安装与调试

步骤	操作过程	图示
开机	连接电源 AC 220V、50Hz	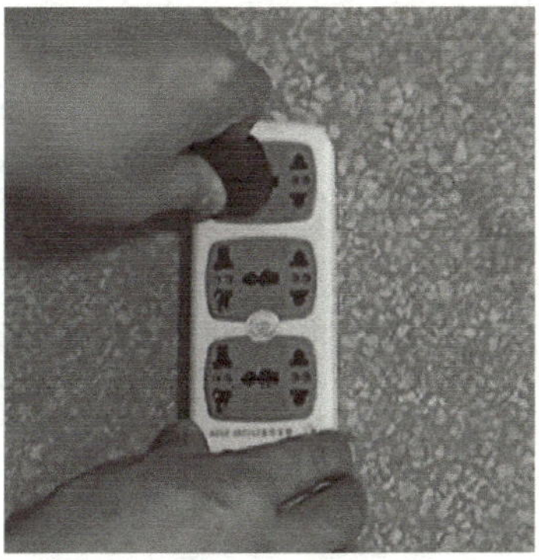

（续）

步骤	操作过程	图示
开机	打开电箱中的总开关	
	松开急停按钮	
	按下启动按钮	
感应头的调整	按"开始"按钮，进入主界面	

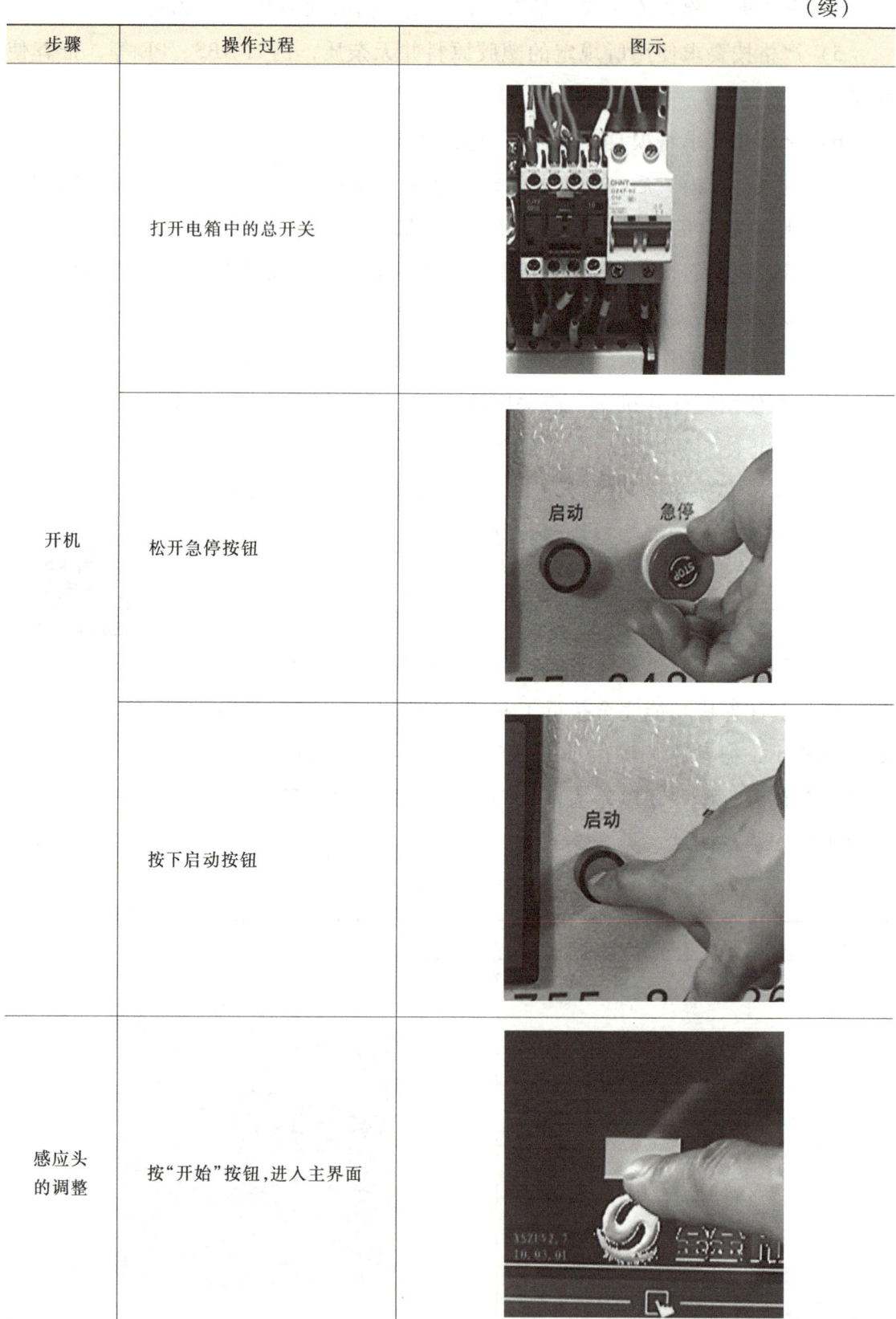

（续）

步骤	操作过程	图示
感应头的调整	按"温度"按钮，进入温度界面	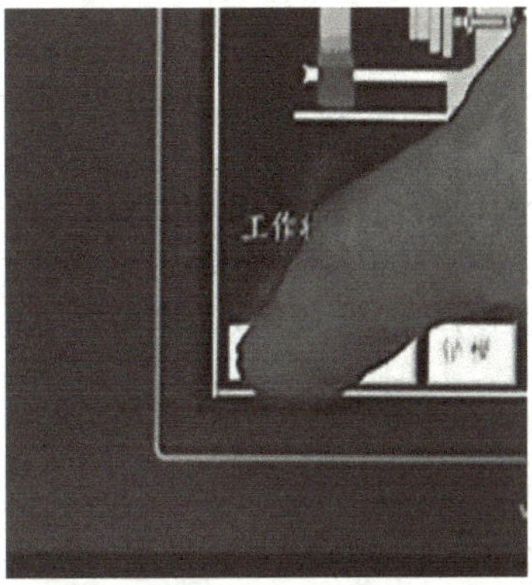
	按"温度"按钮，进行自动加热	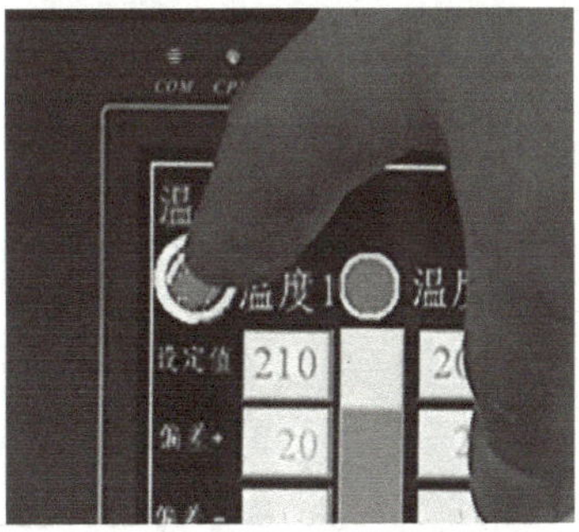
	按操作台上的手动"开模"按钮，进行开模	
	根据需要调节操作台上的开、锁模速度，开模到需要的位置	

（续）

步骤	操作过程	图示
感应头的调整	进行装模，模具调整好后，再调整开模接近开关，若感应到，限位开关上的指示灯会变亮	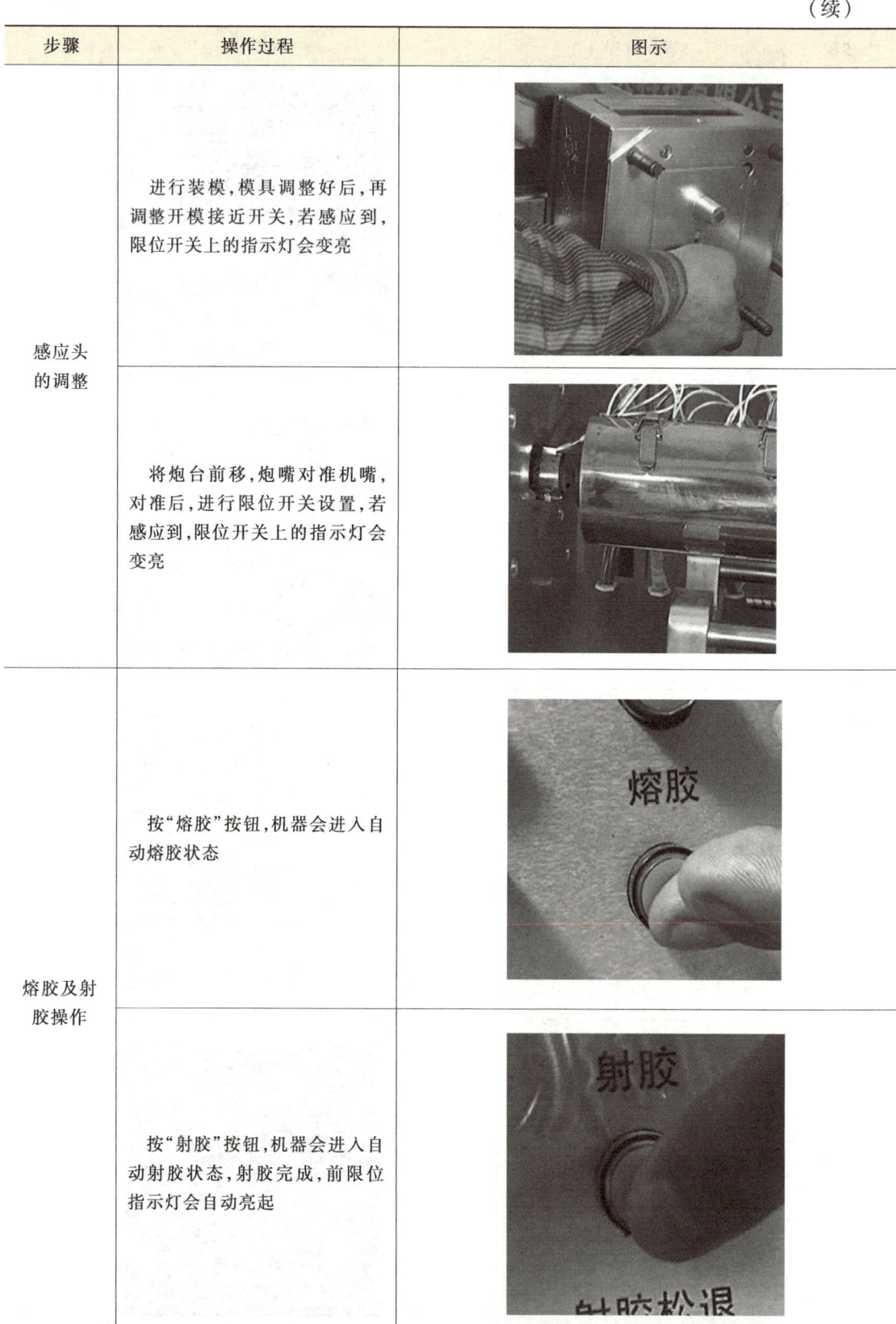
	将炮台前移，炮嘴对准机嘴，对准后，进行限位开关设置，若感应到，限位开关上的指示灯会变亮	
熔胶及射胶操作	按"熔胶"按钮，机器会进入自动熔胶状态	
	按"射胶"按钮，机器会进入自动射胶状态，射胶完成，前限位指示灯会自动亮起	

（续）

步骤	操作过程	图示
熔胶及射胶操作	再按"熔胶"按钮，机器会进行自动熔胶状态，熔胶完成后，后限位指示灯会自动亮起	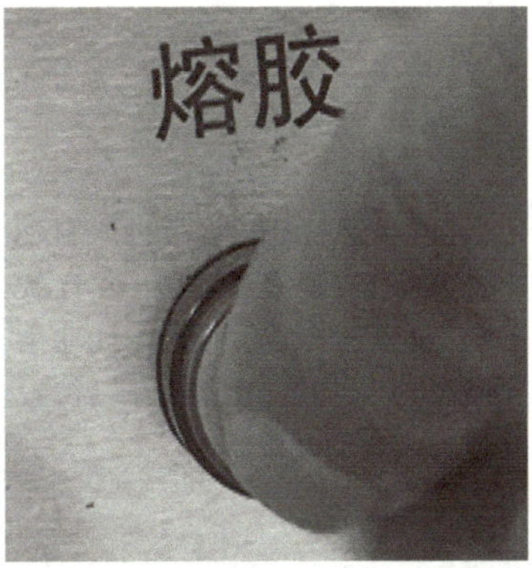
	按住"开模"按钮，开到设定位置，限位指示灯会变亮	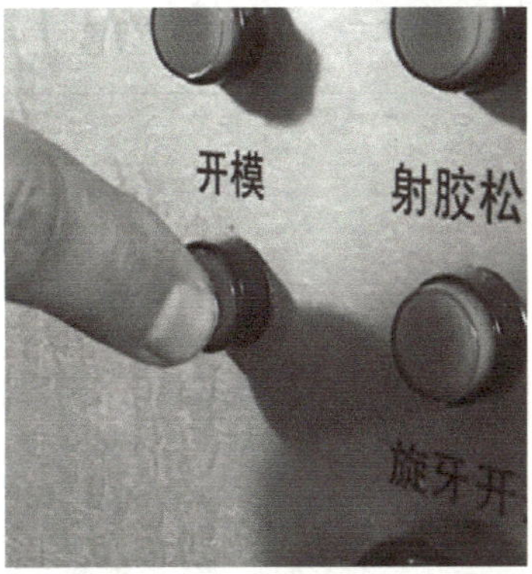
	设备自动完成开模后，将产品取下	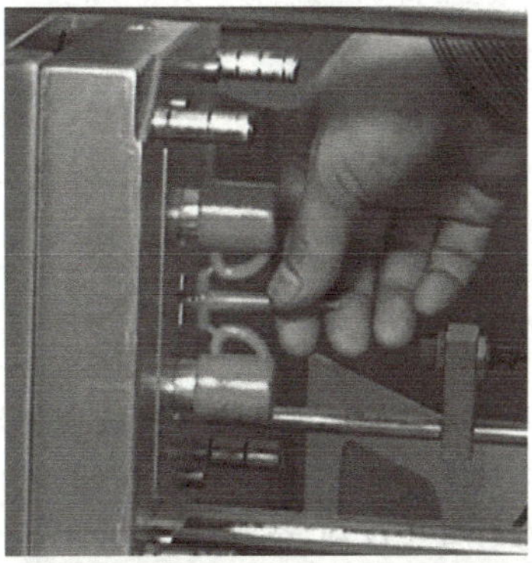
自动开模操作	在手动操作正常后，即可进行自动生产演示，按"温度"按钮，设备转到温度界面，按下"自动"按钮，按钮会变成红色	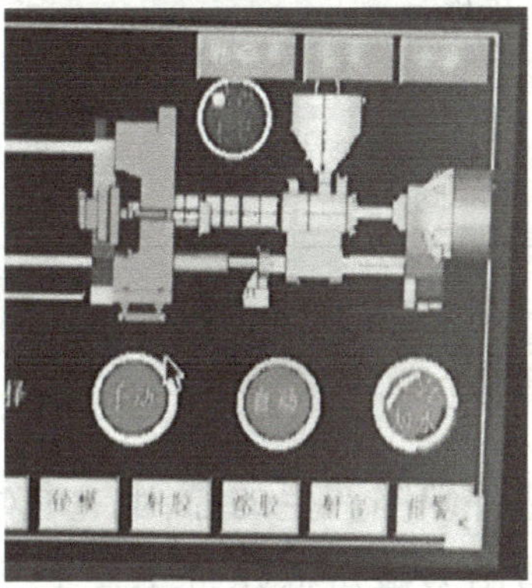

143

（续）

步骤	操作过程	图示
自动开模操作	按"合模"按钮,设备进入自动合模状态,设备会自动语音提示:锁模已完成,并进入自动射胶及熔胶状态,熔胶完成后,设备进入自动开模状态	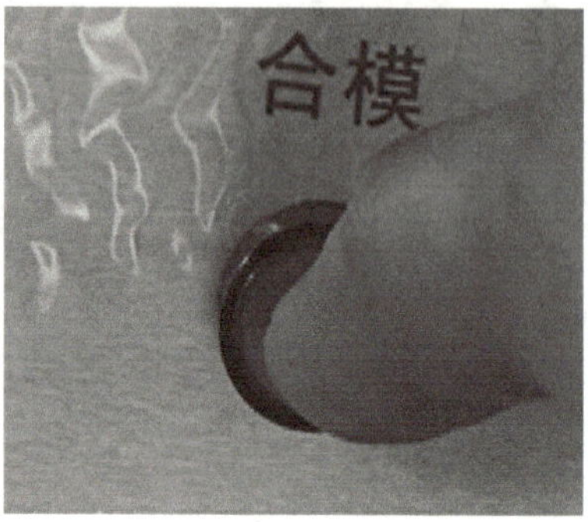
	机械手会自动取下产品	
	若炮台过热或设备持续使用1h后,按下"自动冷却"按钮,进行自动冷却,冷却1~2min后,关机	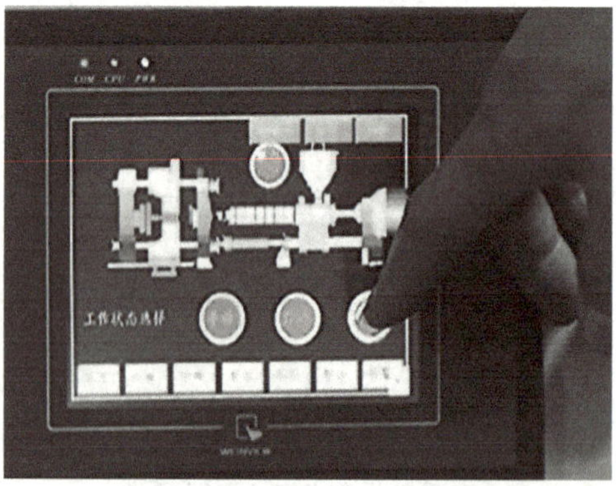

三、塑件质量分析

分析塑件缺陷产生的原因，并对注射模和注射机进行正确调试。常见塑件缺陷、产生原因及解决办法见表3-4。

表 3-4 常见塑件缺陷、产生原因及解决办法

塑件缺陷	产生原因	解决办法
色差	1. 颜料粒度过粗 2. 熔解塑料的温度过高 3. 一个工艺过程的循环时间过长 4. 未清理干净上次加料给料装置及螺杆、料管 5. 螺杆止回环损坏或磨损 6. 螺杆送料段的冷却时间不足 7. 模具的排气孔过小	1. 使颜料粒度变细 2. 降低塑料的温度 3. 尽量缩短循环时间 4. 清理干净上次加料给料装置及螺杆、料管 5. 更换螺杆止回环 6. 将螺杆送料段的冷却时间调至合理 7. 适当加大模具的排气孔
表面黑线及斑点	1. 模具润滑剂选择不当 2. 料管或螺杆有存料 3. 注射速度过快 4. 原料有杂质 5. 模具排气孔堵塞或过小 6. 使用增压注射时增压压力增大,时间过长 7. 工艺过程中温度过高	1. 选择耐温及无色的模具润滑剂 2. 清理干净料管或螺杆的存料 3. 调整好注射速度 4. 选择干净、纯度高的塑料 5. 清通被堵塞的模具排气孔或适当增大其排气孔 6. 适当调整增压注射时增压压力及缩短其时间 7. 适当降低工艺过程中的温度
气孔或斜纹	1. 原料熔融温度过高 2. 原料干燥不足 3. 保压时间过短,压力过小 4. 模具温度过高 5. 喷嘴速度过高 6. 注射速度过快 7. 模具冷却水道与流道有渗漏 8. 背压不足	1. 适当降低塑料熔融温度 2. 对原料进行彻底干燥 3. 增加保压时间,增大压力 4. 适当降低模具温度 5. 适当降低喷嘴速度 6. 适当降低注射速度 7. 修补渗漏 8. 调整背压
收缩	1. 保压时间过短 2. 注射力不足 3. 注射速度不足 4. 塑料熔融温度过高 5. 浇口设计不当	1. 增加保压时间 2. 适当提高注射力 3. 调整注射速度 4. 降低塑料熔融温度 5. 改大太厚部分浇口尺寸或改变入料浇口
熔接线痕或分层	1. 注射速度过低 2. 模具温度过低 3. 背压不足 4. 原料或料管不干净 5. 原料干湿程度不正确 6. 注射压力不足	1. 适当增加注射速度 2. 适当增加模具温度 3. 调整背压 4. 清理干净塑料或机筒中的杂物 5. 正确处理塑料干湿程度 6. 调整注射压力
变形	1. 冷却时间不足 2. 模具顶杆设计不当 3. 注射速度过低	1. 增加冷却时间 2. 改变顶杆位置 3. 适当增加注射速度

(续)

塑件缺陷	产生原因	解决办法
变脆易折断	1. 原料不纯或粒度过大 2. 塑料温度过高且停留时间过长 3. 原料干燥不足	1. 选择纯度高及粒度适合的原料 2. 适当降低塑料温度并缩短停留时间 3. 彻底干燥原料
毛边	1. 注射压力过大或时间过长 2. 模具内的塑料温度过高 3. 模板平行度不够 4. 模具接合面有污物 5. 锁模力不够 6. 模具密合度不够	1. 降低注射压力或缩短时间 2. 适当降低模具内的塑料温度 3. 调整模板的平行度 4. 清除模具接合面的污物 5. 增加锁模力 6. 重新校正模具

四、注射机维护保养规程

注射机定期保养的好坏直接影响注射机的使用寿命和工作效率。为增加功效，注射机每日运行24h，每年累计工作高达7000h，是一般机械设备的2~3倍，若注射机的某个元件发生故障，将导致停机。注射机管理和维修的技术含量高，工作量也大，所以必须加强注射机的管理工作，严格控制注射机的故障发生。要做到降低注射机故障率，减少维修费用和延长使用寿命，定期维护与保养显得尤其重要。注射机日常维护与保养见表3-5。

表3-5 注射机日常维护与保养

保养时间	保养人	保养内容
每日保养	操作工	1. 每天检查紧急停车开关(前、后)是否正常有效 2. 每天检查安全门(前、后)的行程开关是否正常有效 3. 检查冷却水是否顺畅，水量是否充足 4. 检查电器箱内的各元件及接触端子是否牢靠 5. 确保整机水路、油路无滴漏 6. 入柱、曲手、活动铰臂及下方的滑道等处要保持清洁 7. 自动润滑系统的检查 8. 检查电气、机械各元件及装置有无松动 9. 检查喷嘴中心是否准确，前进时是否有晃动 10. 填写检查记录
每周保养	机修人员	1. 各个液压部件的清洁、整理，滴、漏之处要夹紧或换密封圈 2. 各个机械部件的清洁、整理，有松动的螺钉要拧紧 3. 各油脂填注点要加注油脂[射移导杆、塑化马达、调模齿轮(链条)等] 4. 各个电气元件的清洁、整理，有损坏的、异常响声的应更换或修复 5. 清理料斗内磁力架 6. 按要求填写保养记录

（续）

保养时间	保养人	保养内容
每月保养	班长、保全员、操作工	1. 对四根哥林柱的平衡做校定，以免锁模铰链过度磨损 2. 清除各润滑部件的残油，使整机保持清洁 3. 检查接地线是否安全可靠 4. 对射台各部件做检查，确保两注射缸同步 5. 确保自动润滑系统是否到达每一个指定润滑点 6. 对各个机械结构螺母进行锁紧 7. 油箱内的油位要保持在油位计上的标准范围内
每年保养	车间主任、机修人员、班长、保全员、操作工	1. 检查锁模销轴有无磨损，查出原因并采取措施 2. 清洗油箱的滤网及油箱 3. 检查螺杆组是否有磨损、损坏，若有异常应采取措施 4. 润滑系统的大检查：有无油管脱落，有无不通油的地方 5. 检查机台的系统压力、流量有无偏移，电子尺是否控制准确，仪表是否有误差 6. 检查各油管、阀体、法兰、接头有无跑漏现象 7. 检查电气、液压、机械保护装置是否安全可靠

【课题评价与鉴定】

1. 课题评价

评价等级分为 A（90～100 分）、B（80～89 分）、C（70～79 分）、D（60～69 分）、E（0～59 分）五个等级。综合评价表见表 3-6。

表 3-6　综合评价表

姓名			评定等级		总分			
课题	序号	评价内容	评价标准	配分	小组互评 50%	教师评价 50%	单项总分
典型注射模的安装与调试	1	帽盖潜水口单分型面注射模的安装与调试（80 分）	能正确地安装注射模，进行试模	40 分			
			会分析注射产品缺陷产生的原因，并正确调试注射模	20 分			
			会正确保养注射机	20 分			
	2	纪律（10 分）	不迟到，不早退，不旷课	5 分			
			遵守规程，服从安排	5 分			
	3	小组合作（10 分）	成员之间交流、沟通、合作效果好	10 分			

2. 课题学习情况鉴定

学习情况鉴定表详见表 3-7。

表 3-7 学习情况鉴定表

自我鉴定	本课题同学们有哪些收获？ 学生签名： 年　　月　　日
指导教师鉴定	 指导教师签名： 年　　月　　日

【思考与练习】

一、填空题

1. 注射机按塑料塑化方式可分为_____和_____。
2. _____的注射方向与合模方向呈垂直排列。
3. 注射机主要由_____、_____、_____、_____、_____、_____、_____、_____等组成。
4. 生产出的产品出现表面黑线及斑点，是由于工艺过程中温度过_____，可将工艺过程中温度_____。
5. 生产的产品出现收缩现象时，是由于保压时间_____。

二、判断题

1. 卧式注射机注射方向与合模方向一致，与机器安装底面垂直。（　　）
2. 卧式注射机机体较低，重心低，工作平稳，模具安装及操作方便。（　　）
3. 角式注射机适用于成型开设侧浇口非对称几何形状制品的模具。（　　）
4. 熔解塑料的温度过高可导致塑件有色差。（　　）
5. 注射速度过快可导致塑件有气孔。（　　）
6. 模具内的塑料温度过低可导致塑件有毛边。（　　）

三、简答题

1. 根据图 3-8 所示卧式注射机结构图，写出各部分的名称。

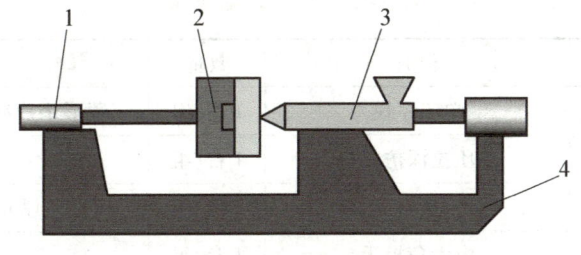

图 3-8　卧式注射机结构图

1—_____　2—_____　3—_____　4—_____

2. 注射机的组成有哪些？
3. 简述注射机的工作过程组成。

4. 塑件有变形的情况是由哪些因素产生的？如何改进？

5. 塑件有毛边是由哪些因素产生的？

课题二　典型冲压模的安装与调试

【学习目标】

知识目标	1. 掌握常见的冲压设备 2. 掌握曲柄压力机的组成和工作原理
技能目标	1. 能正确识别冲压设备的类型 2. 能正确安装冲压模，并进行试模 3. 会分析冲压制件缺陷产生的原因，并正确调试冲压模 4. 会正确保养压力机
素养目标	1. 自觉遵守安全文明生产规程，养成安全文明生产习惯 2. 养成精益求精、爱岗敬业、积极进取的职业素养

【课题描述】

要生产制造出优质的模具，还需要在装配之后进行试模检验，检验合格后交付客户。所以模具的安装与调试（试模）是模具生产中重要的环节之一。本课题以菱形垫片冲孔单工序模的安装与调试为例学习冲压模的安装与调试。

【学习准备】

完成该课题需要准备的实训物品清单见表3-8。

表3-8　实训物品清单

序号	实训资源	种类	数量	备注
1	冲压模	单工序模	1副/组	菱形垫片冲孔单工序模实物模型
2	冲压设备	冲压拉深仿真机	1台/组	
3	冲压原料	块料	1份/组	厚0.5mm的半成品
4	拆装工具	内六角扳手	1套/组	
		铜棒或橡胶锤	1个/组	
		平行垫铁	2块/组	
		活动扳手	1个/组	
		塑料周转箱	1个/组	

（续）

序号	实训资源	种类	数量	备注
5	量具	0~150mm 游标卡尺	1把/组	
		0~100mm 外径千分尺	1把/组	
		内径千分尺	1把/组	
		百分表	1块/组	
6	劳动防护用品	防护眼镜、防护工作服	1套/人	

【相关知识】

在冲压车间的设备中，能够安装模具进行生产，为冷冲压工艺提供冲压动力的设备统称为冲床。

一、压力机的分类

常见的压力机有机械压力机（图 3-9 和图 3-10）和液压成形压力机（图 3-11）。常见的机械压力机有曲柄压力机（图 3-9）、摩擦压力机（图 3-10）和高速压力机。此外，为便于教学，本课题中引入冲压拉深仿真机（图 3-12），冲压拉深仿真机是曲柄压力机中的一种。

图 3-9 开式可倾曲柄压力机

图 3-10 双盘摩擦压力机

1. 机械压力机

（1）曲柄压力机 曲柄压力机是应用最广泛的冲压设备，具有结构简单、生产率高、使用方便的特点。其工作原理为利用曲柄滑块机构将电动机的旋转运动转换为滑块的往复直线运动。曲柄压力机按床身结构形式的不同，可分为开式曲柄压力机和闭式曲柄压力机；按滑块数可分为单动压力机和双动压力机；按驱动连杆数的不同，可分为单点压力机和多点压力机。曲柄压力机适用于各类冲压加工。

图 3-11　液压成形压力机

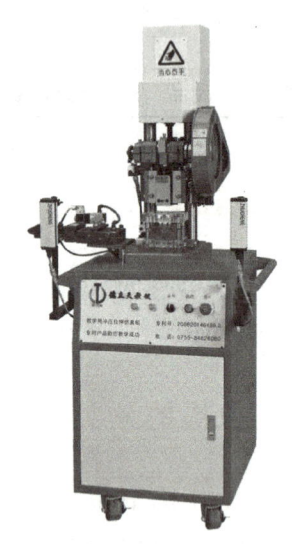

图 3-12　冲压拉深仿真机

（2）摩擦压力机　摩擦压力机是万能性较强的压力加工机器，应用较为广泛，在压力加工的各种行业中都能使用。在机械制造工业中，摩擦压力机的应用更为广泛，可用来完成模锻、锻、弯曲、校正及精压等工作，有的无飞边锻造也用这种压力机来完成。摩擦压力机是一种利用摩擦盘与飞轮之间相互接触来传递动力，并借助螺杆与螺母相对运动原理而工作的，又称双盘摩擦压力机。摩擦压力机结构简单，当超负荷时，只会引起飞轮与摩擦盘之间的滑动，而不会损坏机件；但飞轮轮缘磨损大，生产率低。摩擦压力机适用于中小型件的冲压加工，适用于压印、校正和成形等冲压工序。

（3）高速压力机　其工作原理与曲柄压力机相同，但其刚度、精度、行程次数都比较高，一般带有自动送料装置、安全检测装置等辅助装置。高速压力机生产率很高，适用于大批量生产的多工位级进模。

2. 液压成形压力机

液压成形压力机利用帕斯卡原理，以水或油为工作介质，采用静压力传递进行工作，使滑块做上、下往复运动。其特点是静压力大，但生产率低。液压成形压力机适用于拉深、挤压等成形工序。

3. 冲压拉深仿真机

冲压拉深仿真机将传统的液压成形压力机和曲柄压力机的功能合二为一，而且微缩简化之后，设置在具有滚轮的底座上，具有体积小，振动小，噪声小，可落地放置，结构简单，适用于课堂教学等优点，而且一台机器能达到两台机器的功效，既节省了成本，又方便了仿真教学。

视频 3-2 冲压拉伸仿真机操作说明

冲压拉深仿真机改变了传统的教学方式，实现了从感性认识到理性认识的教学规律，真正填补了模具教学中无试验用机的空白，有利于模具行业的同行技术交流及求知者与教授者的理论教学和学习交流，使难以用语言描述的事物在试验过程中得到了很好的思维转换，达到了事半功倍的效果。它还能够帮助设计人员验证模具运动方式，通过模具成形产品，使设计人员在模具设计中对各机构产生更为实际的思维。冲压拉深仿真机可为模具设计与制造人员提供认证模具运动与成形分析及教学试验的直观状态，可满足模具开发及模具教学的实际需求。

二、曲柄压力机的组成

下面以应用最广泛的曲柄压力机为例来描述压力机的组成。曲柄压力机由工作机构、传动系统、操作系统、能源系统、支承部件，以及辅助系统和附属装置组成，见表3-9。

表 3-9 曲柄压力机的组成

分类	组成	作用
工作机构	曲轴、连杆、滑块、导轨	将传动系统的旋转运动变换为滑块的往复直线运动,承受和传递工作压力,在滑块上安装模具上模
传动系统	带传动、齿轮传动	将电动机的能量和运动传递给工作机构,并对电动机的转速进行减速获得所需的行程次数
操作系统	离合器、制动器及控制装置	控制压力机安全、准确地运转
能源系统	电动机、飞轮	飞轮能将电动机空程运转时的能量储存起来,在冲压时再释放出来
支承部件	机身	把压力机所有的机构连接起来,承受全部工作变形力和各种装置的各个部件的重力,并保证整机所要求的精度和强度
辅助系统和附属装置	润滑系统、顶件装置、保护装置、滑块平衡装置及安全装置	保证压力机的正常工作

三、曲柄压力机的工作原理

曲柄压力机的工作原理是利用曲柄滑块机构将电动机的旋转运动转换为滑块的往复直线运动。

如图3-13所示，冲压模的凸模8安装在压力机滑块7上，凹模10固定在压力机工作台16上。电动机11的能量和旋转运动通过V带2驱动大带轮3，经过齿轮副（由小齿轮13和大齿轮15组成）和离合器14带动曲柄滑块机构，使滑块7和凸模8直线下行。冲压工作完成后，滑块7回程上行，离合器14自动脱开，同时曲轴5上的制动器接通，使滑块7停止在上死点附近。

由于工艺需要，曲轴两端分别装有离合器14和制动器4，以实现滑块的间歇运动或连续运动。曲柄压力上的大带轮3和大齿轮15兼有飞轮的作用，可以把压力机空程运动的能量储存起来。

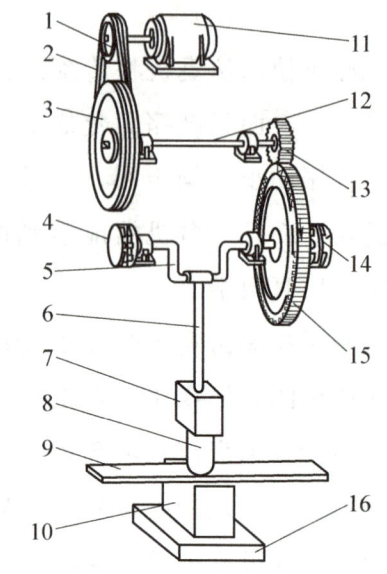

图3-13　曲柄压力机的工作原理

1—小带轮　2—V带　3—大带轮
4—制动器　5—曲轴　6—连杆
7—滑块　8—凸模　9—板材
10—凹模　11—电动机　12—传动轴
13—小齿轮　14—离合器
15—大齿轮　16—工作台

【课题实施】

该课题的实施可参考表3-10中的流程完成。

表3-10　课题实施流程

序号	课题流程	学时分配
1	学习相关知识	2
2	认识冲压拉深仿真机（设备结构、安装与调试、维护与保养）	4
3	安装与调试冲压模（以单动曲柄压力机为例）	2
4	制件质量分析	1
5	课题评价与鉴定	1
	小计	10

一、菱形垫片冲孔单工序模的安装与调试

模具装配以后，必须在生产条件下进行试冲。通过试冲可以发现模具设计和

制造的不足，并找出原因以利改正。本课题要求能够对模具进行适当的调整和修理，直到模具正常工作冲出合格制件。

冲压模经试冲合格后，应在模具模板正面打刻编号、冲模图号、制件号、使用压力机型号、制造日期等，并涂油防锈后经检验合格入库。

1. 冲压拉深仿真机的结构

冲压拉深仿真机主要由底座、机架、拉深机构、冲压机构、光电保护装置和自动送料装置六部分组成。

1）底座是冲压拉深仿真机的主要支承座，由面板、柜门、拉手、箱体、滚轮及控制按钮组成。

2）机架是冲压拉深仿真机的主要组成部分，它由底部固定工作台面、立柱、机体、顶部固定板、升降丝杠等组成。

3）拉深机构。机体背部有四个紧固螺栓，用于把机体紧固在立柱上。机体、升降丝杠、升降电动机、齿轮以及上下各一个行程开关组成升降拉深机构。要调节机体位置的高低，必须先松开升降丝杠的锁紧螺母，再松开机体背部的四个紧固螺栓，然后接通升降电动机电源，可以使机体在立柱上做上下运动，以调整机体的高低位置和封闭高度以及拉深动作。冲压时，当调整高度合适后，必须重新把机体背部的四个螺栓紧固，防止冲压工作时机体产生松动而损坏模具和机器。

4）冲压机构由滑块、飞轮、离合器、曲柄连杆、滑块体、左右导轨、球头螺杆、模具压块等组成。曲轴转动，通过连杆和球头螺杆推动滑块体，在左右导轨精确导向下进行往复运动，使安装在滑块上的上模完成冲压工作。

5）光电保护装置。

6）自动送料装置。

2. 模具的安装与调试操作过程

1）安装模具时，可根据模具的闭合高度来确定机体的闭合高度，调节机体高低位置时，可松开机体背部的四个紧固螺栓和升降丝杠的锁紧螺母，起动升降电动机调整模具高度。

2）模具调整好后，把自动送料装置与模具中心校成一条直线。

3）在自动送料装置部位装入料带，进行冲压。

3. 冲压拉深仿真机的维护及保养

1）禁止机器超负荷工作，被加工的工件，冲压力不得超过限定范围。

2）机器上各润滑点以及各摩擦部位要注意勤加油。

3)开电动机前,必须使离合器处于脱开状态,飞轮处于空转位置。

4)模具装夹必须准确、牢固。模具间隙合理,经常保持模具刃口锋利。

5)经常检查机器各部分工作是否正常,所有连接件和紧固件是否松动,若有松动,应加以紧固。若发现有机件磨损,必须及时更换。

6)机器以及电气装置必须经常保持清洁、干燥、无漏电现象。在工作中,若发现有故障和异常现象,必须立即停机检查修理。

7)润滑。本机共有六处润滑点,各润滑点位置分布如下:左右导轨上方两处、连接轴一处、飞轮一处、制动器两处。所加润滑油用20号机油与润滑脂、牛油调和成稀糊状,效果最佳。

8)定期进行全面检查维修。

二、曲柄压力机上的试模(以单动曲柄压力机为例)

1)检查压力机和模具工作状态,确认没有问题再进行安装。

2)用干净的棉纱清理压力机工作台、滑块底面、冲压模上模上表面和下模下表面。

3)起动压力机,必须将电气开关调到"手动"位置,使滑块处于下死点位置。

4)按"停机"按钮,关机。

5)用钢直尺测量压力机工作台面到滑块底面的闭合高度。一般来说,最小装模高度+5mm<模具闭合高度<最大装模高度-5mm。

6)起动压力机,将滑块处于上死点位置。

7)把调节螺杆和固定模柄的锁紧螺栓都松开。

8)将模具安放在压力机工作台面中心位置,再使滑块下行,滑块的端面接触上模板的上表面,此时固定模柄。

9)调节螺杆,消除滑块端面与模具上模板的上表面之间的间隙。

10)锁紧模柄。

11)微调螺杆,即粗调闭合高度。

12)用压板将下模板固定在压力机工作台上,锁紧。

13)用纸试冲,调节冲击深度。调节螺杆时,逐步调节滑块到所需高度。每调一次试冲一次,每次调节量要小。

14)试冲制件合格后,装挺杆。

15) 调节制动螺钉，控制打料行程。
16) 交付生产冲工件。

三、制件质量分析

分析制件缺陷产生的原因，并对冲压模和压力机进行正确调试。冲压模试冲时制件常见的缺陷、产生原因和调整方法见表3-11。

表3-11　冲压模试冲时制件常见的缺陷、产生原因和调整方法

制件缺陷	产生原因	调整方法
卸料或卸件困难	1. 卸料力不够 2. 卸料装置不动作 3. 凹模有倒锥 4. 卸料孔不通畅，卡住废料 5. 拉料杆长度不够 6. 漏料孔太小	1. 增大卸料力 2. 重新装配卸料装置 3. 修整凹模 4. 修整卸料孔 5. 加长拉料杆 6. 加大漏料孔
制件不平整	1. 顶出杆与顶出器接触零件面积过小 2. 凹模有倒锥	1. 更换顶出杆，加大与零件的接触面积 2. 修整凹模
制件毛刺过大	1. 淬火硬度过低或刃口滞钝 2. 间隙不均匀，间隙过小或过大	1. 修磨刃口使其锋利 2. 重新调整凸模和凹模间隙，使之均匀
凸模折断	1. 卸料板倾斜 2. 冲裁时产生侧向力	1. 修整卸料板或增加凸模导向装置 2. 在模具上设置靠块抵消侧向力
尺寸超差或形状不准确	凸模、凹模形状及尺寸精度差	修整凸、凹模形状及尺寸，使之达到精度要求
凸、凹模刃口相咬	1. 凸、凹模错位 2. 上模板、下模板、垫板、凹模、固定板等零件安装基面不平行 3. 导柱、导套配合间隙过大，导向精度差 4. 卸料板孔位偏斜使冲孔凸模位移 5. 凸模、导柱、导套与安装基面不垂直	1. 重新装配凸、凹模 2. 调整有关零件重新安装 3. 更换导柱、导套 4. 修整及更换卸料板 5. 重新安装并调整其垂直度
凹模被胀裂	凹模有侧锥，形成上口大、下口小	修磨凹模孔
冲裁件剪切断面光亮带宽，甚至出现毛刺	冲裁间隙过小	适当放大冲裁间隙，在凹模方向上对于冲孔模间隙加大，在凸模方向上对落料模间隙加大
剪切断面光亮带宽度不均匀，局部有毛刺	冲裁间隙不均匀	修磨或重装凸模、凹模

（续）

制件缺陷	产生原因	调整方法
送料不通畅，有时被卡死，通常发生在连续冲压时	1. 两导料板之间的尺寸过小或有斜度 2. 导料板的工作面与侧刃不平行，卡住条料，形成锯齿形 3. 凸模与卸料板之间的间隙太大，导致搭边翻转造成堵塞 4. 侧刃与导料板挡块之间有缝隙，配合不严密，形成大毛刺	1. 修整或重装导料板 2. 重新装配导料板 3. 减小凸模与导料板之间的配合间隙，重新浇注卸料板孔 4. 修整侧刃及挡块之间的间隙

【课题评价与鉴定】

1. 课题评价

评价等级分为 A（90~100分）、B（80~89分）、C（70~79分）、D（60~69分）、E（0~59分）五个等级。综合评价表见表3-12。

表3-12 综合评价表

姓名			评定等级		总分			
课题	序号	评价内容	评价标准	配分	小组互评50%	教师评价50%	单项总分
典型冲压模的安装与调试	1	冲压模的安装与调试(80分)	能正确地安装冲压模，并进行试模	40分			
			会分析冲压制件缺陷产生的原因，并正确调试冲压模	20分			
			会正确保养冲压拉深仿真机	20分			
	2	纪律(10分)	不迟到，不早退，不旷课	5分			
			遵守规程，服从安排	5分			
	3	小组合作(10分)	成员之间交流、沟通、合作效果好	10分			

2. 课题学习情况鉴定

学习情况鉴定表详见表3-13。

表 3-13　学习情况鉴定表

自我鉴定	本课题同学们有哪些收获？ 学生签名： 　　年　　月　　日
指导教师 鉴定	 指导教师签名： 　　年　　月　　日

一、填空题

1. 曲柄压力机工作原理为利用_____机构将电动机的旋转运动转换为_____运动。

2. 曲柄压力机按滑块数可分为_____压力机和_____压力机。

3. 常见的机械压力机有_____、_____和_____。

4. 冲件毛刺过大，是由于淬火硬度过_____。

5. 冲裁间隙过小时，会产生冲裁件剪切断面光亮带_____，甚至出现_____。

6. 开电动机前，必须使离合器处于_____状态，飞轮处于_____位置。

二、判断题

1. 曲柄压力机按床身结构形式的不同，可分为开式曲柄压力机或闭式曲柄压力机。（   ）

2. 冲压拉深仿真机是曲柄压力机中的一种。（   ）

3. 制件凸、凹模刃口相咬，可能是由于导柱、导套配合间隙过小，导向精度差。（   ）

4. 当制件卸料或卸件困难时，可能是由于拉料杆长度不够。（   ）

5. 使用曲柄压力机前，要用干净的棉纱清理压力机工作台、滑块底面、冲压模上模上表面和下模下表面。（   ）

6. 调节螺杆是为了消除滑块端面与模具上模板的上表面之间的间隙。（   ）

三、简答题

1. 曲柄压力机由哪几部分组成？
2. 曲柄压力机的工作机构由哪些零部件组成？其作用是什么？
3. 制件出现不平整情况时，是由哪些因素引起的？如何调整？

附　　　录

附录A　教材用和工厂用模具术语对比

序号	教材用术语	工厂用术语
1	浇口	水口
2	浇口套/主流道衬套	唧咀
3	定位环/定位圈	法兰/定位导圈
4	定模	前模/A模
5	动模	后模/B模
6	定模板	A板
7	动模板	B板
8	型芯	模仁(镶在后模上的芯子)/公模模仁
9	型腔	母模模仁
10	分模面	PL面(音"啪拉"面)
11	二板模	大水口模
12	三板模	小水口模
13	导柱	边钉
14	导套	托司/直司
15	复位杆/回程杆	扶针/回针/复位顶针
16	滑块	行位
17	斜导柱	斜边/牛角
18	锁紧块/楔紧块	行位锁紧块/定位块
19	镶件	入子
20	拉料杆	水口扣针/拉料顶针/钩针/水口拉钩/料头钩销
21	定位珠	波珠螺丝

(续)

序号	教材用术语	工厂用术语
22	合模	飞模
23	推杆	顶针
24	推管	司筒/套筒
25	垫圈	介子
26	模脚	垫块/方铁
27	内六角螺钉	杯头螺丝
28	排气槽	逃气道
29	限位螺钉	限位螺丝/限位钉/垃圾钉
30	密封圈	胶圈
31	环保标志	回收章
32	弹簧	弹弓

附录 B 思考与练习参考答案

单元一 认识模具及模具装配车间

课题一 认 识 模 具

一、填空题

1. 热塑性塑料注射模；热固性塑料注射模；低发泡塑料注射模；精密注射模

2. 单型腔；多型腔

3. 定模；动模

4. 主流道；分流道；浇口；冷料穴

5. 脱模机构；推杆脱模机构；推板脱模机构；推管脱模机构

6. 落料模；冲孔模；弯曲模；拉深模

7. 导柱；导套；导板

8. 复合模

二、判断题

1. √ 2. √ 3. √ 4. × 5. √ 6. × 7. × 8. √

三、简答题

1. 冲压模又称冷冲模、五金模，是冷冲压加工的模具，是指在常温下装在各种压力机上，使材料发生断裂分离或塑性变形，加工成零件（或半成品）的一种特殊工艺装备。

2. 级进模，即在压力机一次行程中，在模具的不同位置上同时完成数道冲压工序的模具，压力机一次行程得到一个或数个冲压件。复合模，即在压力机的一次行程中，在一副模具同一位置上完成数道冲压工序的模具，压力机一次行程一般得到一个冲压件。

3. 冲压模是由工作零件、定位零件、退料零件和模架零件四大部分零件组成的。

课题二　认识模具装配车间

一、填空题

1. 套筒扳手

2. 工件的中心线

3. 活扳手

4. 扳手全长；扳手虎口全开

5. 碳素工具钢；淬火

6. 紧握法；松握法

7. 张开；弹性回复

8. 外径千分尺

9. 内六角扳手；套筒扳手；呆扳手；活扳手

10. 尖嘴钳

二、判断题

1. √　2. ×　3. √　4. √　5. √　6. ×　7. ×　8. ×　9. √　10. √

三、简答题

1. 使用方法：应将内六角扳手的一端对准插入内六角螺钉的孔中，左手轻压保持两者垂直，右手转动扳手另一端，从而带动螺钉进行松开或紧固。轻压时防止扳手转动时从孔中滑出。

2. 读数方法：先看主标尺（固定套管上）示值，读出副标尺（微分筒上）与主标尺刻度线对齐的主标尺示值，漏出半格为 0.5mm，再看副标尺示值，读出副标尺与主标尺刻度对准的示值，乘以 0.01mm，将两个示值相加即可。

单元二　模具测绘与装配

课题一　单分型面注射模的测绘与装配

一、填空题

1. 开模；推杆顶出产品；移出产品；推杆复位；合模

2. 全剖

3. 动模的俯视图

4. 导柱；导套

5. 分流道；型腔

6. 直接浇口；侧浇口；点浇口；潜伏浇口

7. 边缘浇口；分型面

8. 中小型塑件；多

9. 大

10. 剪切浇口；点浇口

二、判断题

1. ×　2. ×　3. √　4. √　5. √　6. √　7. ×　8. √　9. ×　10. √

三、简答题

1. 推杆固定板；动模板；复位杆；定模板；型腔螺钉；定模座板；产品零件；浇口套；定模座板螺钉；型腔；型芯；推杆；导套；导柱；模脚；定位圈；定位圈螺钉；快速接头；拉料杆；动模座板

2. 该模具工作过程：开模时，模具从动、定模分型面处分开，塑件包在型芯 13 上随动模一起后退，同时拉料杆 25 将浇注系统凝料从浇口套 10 中拉出，随动模部分一起移动而脱离型腔 12。移动一段距离后，当注射机的顶杆接触推板 1 时，推出机构开始动作，推杆 15 和拉料杆 25 分别将塑件和浇注系统凝料从型芯 13 和冷料穴中推出，塑件与浇注系统凝料一起从模具中落下，至此完成一次注射过程。合模时，在导柱 17 和导套 16 的导向定位下动、定模闭合。在合模过程中，定模板 6 的分型面反压复位杆 5，使推出机构复位，模具顺利闭合，准备下一次注射。

3. 帽盖潜水口单分型面注射模的拆卸过程：

1）分模。用铜棒敲打定模座板四周，要求受力均匀，将动、定模侧分模。

2）拆卸定模。拆卸定位圈螺钉，拆卸定位圈，拆卸定模座板螺钉，用铜棒敲打浇口套，拆卸浇口套，拆卸定模座板，拆卸快速接头，拆卸型腔螺钉，用铜棒轻敲，拆卸型腔，放置好型腔和定模板。

3）拆卸动模。拆卸动模座板螺钉，拆卸模脚螺钉，放置好动模座板，拆卸模脚，拆卸脱模机构组件，拆卸弹簧，拆卸推板螺钉，拆卸推板，拆卸拉料杆，拆卸推杆，拆卸复位杆，放置好推杆固定板，拆卸型芯螺钉，拆卸并放置好型芯和动模板。

4. 帽盖潜水口单分型面注射模的装配过程：

1）装配动模。放置好动模板，用铜棒轻敲，将型芯安装在动模板内，放置好型芯，装配型芯螺钉，放置好推杆固定板，装配复位杆，装配推杆，装配拉料杆，装配推板，装配推板螺钉，装配弹簧，装配脱模机构组件，装配模脚，放置好动模座板，装配模脚螺钉，装配动模座板螺钉。

2）装配定模。放置好型腔和定模板，用铜棒轻敲，装配型腔，装配型腔螺钉，装配快速接头，装配定模座板，装配浇口套，用铜棒敲打浇口套，拧好定模座板螺钉，装配定位圈，装配定位圈螺钉。

3）合模。用铜棒敲打定模座板四周，要求受力均匀，将动、定模侧合模。

5. 浇口使熔融塑料在进型腔时产生加速度，有利于迅速充满型腔。成型后浇口塑料先冷凝，以封闭型腔，防止熔融塑料倒流，避免型腔压力下降过快，以致在制品上产生缩孔或凹陷，成型后便于使浇注凝料与制品分离。

6. 推出机构包括推杆、推板、推杆固定板、复位杆、拉料杆、弹簧、推板及螺钉。

7. 推杆固定板的作用是用来固定推杆和复位杆。

课题二　双分型面注射模的测绘与装配

一、填空题

1. 分型面

2. 主分型面；辅分型面

3. ⇥；⇤

4. 单分型面模具

5. 单分型面注射模

6. 浇注系统凝料；塑件

二、判断题

1. × 2. √ 3. × 4. √ 5. ×

三、简答题

1. 推板；推杆固定板；复位杆；弹簧；动模板；定模板；产品零件；中间板；弹簧；定模座板；定位圈；无头螺钉；浇口套；拉料杆；塞打螺钉；型腔；型芯；推杆；定模导套；动模导套；导柱；动模座板；塞打螺钉；快速接头；尼龙胶塞螺钉

2. 该模具的工作过程：开模时，注射机开合模系统带动除定模座板11的模具部分后移，由于弹簧10的作用，模具定模座板11和中间板9分离，固定在中间板9上的塞打螺钉27与定模座板11接触，使中间板9停止移动，主流道凝料从主流道浇口套14中拉出。动模和定模板7在尼龙胶塞螺钉29的作用下一起继续后移，同时，A—A分型面（浇注系统凝料脱落面）分型。固定在中间板9上的塞打螺钉16与定模板7接触，使定模板7停止移动。动模部分继续后移，在B—B分型面（塑件脱落面）分型。因塑件包紧在型芯19上，这时浇注系统凝料在拉料杆15的拉力作用下，在浇口处自行拉断，并且在A—A分型面之间自行脱落或由人工取出。动模继续后移，当注射机的顶杆接触模具推板1时，推出机构开始工作，推杆20在注射机顶杆的推动下将塑件从型芯19上推出，塑件在B—B分型面之间自行落下。至此，完成一次注射过程。合模时，在导柱23、定模导套21和动模导套22的导向定位下，动、定模闭合。在合模过程中，定模板7的分型面反压复位杆3，使推出机构复位，模具顺利闭合，准备下一次注射。

3. 玩具手机壳双分型面注射模的拆卸过程：

1) 分模。用铜棒敲打定模座板四周，要求受力均匀，将动、定模侧分模。

2) 拆卸定模。拆卸定位圈螺钉，拆卸定位圈，拆卸塞打螺钉，拆卸型腔螺钉，拆卸型腔，拆卸快速接头，放置好定模板，拆卸浇口套，拆卸塞打螺钉，拆卸中间板组件，拆卸弹簧，放置好中间板，拆卸无头螺钉，拆卸拉料杆，放置好定模座板和导柱。

3) 拆卸动模。拆卸尼龙胶塞螺钉，拆卸动模座板螺钉，拆卸模脚螺钉，放置好动模座板，拆卸模脚，拆卸脱模机构组件，拆卸弹簧，拆卸推板螺钉，拆卸推板，拆卸推杆，拆卸复位杆，放置好推杆固定板，拆卸型芯螺钉，分别放置好型芯和动模板。

4. 玩具手机壳双分型面注射模的装配过程：

1）装配动模。放置好动模板，用铜棒轻敲，将型芯安装在动模板内，放置好型芯，装配型芯螺钉，放置好推杆固定板，装配复位杆，装配推杆，装配推板，装配推板螺钉，装配弹簧，装配脱模机构组件，装配模脚，放置好动模座板，装配模脚螺钉，装配动模座板螺钉，装配尼龙胶塞螺钉。

2）装配定模。放置好定模座板和导柱，安装拉料杆，装配无头螺钉，放置好中间板，安装弹簧，装配中间板组件，装配塞打螺钉，装配浇口套，放置好定模板，装配快速接头，装配型腔，装配型腔螺钉，装配定模板组件，装配塞打螺钉，装配定位圈，装配定位圈螺钉。

3）合模。用铜棒敲打定模座板四周，要求受力均匀，将动、定模侧合模。

5. 中间板在定模的导柱上与定模板做定距离分离，以便在这中间板和定模板之间取出浇注系统凝料。

6. 模脚的作用是调节模具闭合高度，形成推出机构所需要的推出空间。

课题三 单工序模的测绘与装配

一、填空题

1. 开模；放入坯料；合模；冲孔；模具复位；开模；移除产品；合模

2. 凹模上的凹槽

3. 冲孔模；拉深模

4. 1～2mm

5. 压料；卸料

6. 支承

7. 垂直

二、判断题

1. × 2. × 3. × 4. √ 5. √ 6. √ 7. √

三、简答题

1. 导柱；定位销；弹簧；上模板；导套；卸料螺钉；模柄；冲孔凸模；内六角螺钉；冲孔凸模垫块；弹性卸料板；产品制件；凹模；下模板

2. 该模具的工作过程：开模后，把经落料的半成品坯料放入凹模的凹槽内进行定位，上、下模依靠导柱1和导套5进行合模导向定位。弹性卸料板13先接触板料，卸料弹簧 3 受力压缩将板料压住，上模继续下行，冲孔凸模 8 和凹模 15 进行工作将板料剪切。冲孔后的废料沿凹模洞口依次推出，经凹模固定板 16、下模板 18 和压力机台面上的孔依次漏下。上模卸料弹簧 3 取出制件，准备下一次冲裁。

3. 该冲孔模的拆卸过程：

1）分模。用铜棒敲打下模座板四周，要求受力均匀，将上、下模侧分模。

2）拆卸上模。拆卸模柄，拆卸卸料板，拆卸弹簧，拆卸冲孔凸模组件，拆卸冲孔凸模，放置好冲孔凸模垫块和上模板。

3）拆卸下模。拆卸凹模固定板组件，用铜棒轻敲，拆卸凹模，放置好凹模固定板和下模板。

4. 该冲孔模的装配过程：

1）装配下模。放置好下模板，放置好凹模固定板，用铜棒轻敲，装配凹模，装配凹模固定板组件。

2）装配上模。放置好上模板，放置好冲孔凸模垫块，装配冲孔凸模，装配冲孔凸模组件，装配弹簧，装配卸料板，装配模柄。

3）合模。用铜棒敲打上模板四周，将模具上、下模合模，要求受力均匀。

5. 注射模具零件图的绘图步骤：

1）分析零件，选取最佳表达方案。

2）根据选定的表达方案，选定比例、布置图面、画好各视图的基准线。

3）绘制零件图中的视图。

4）选择尺寸标注的基准，画出尺寸界线和尺寸线。

5）对零件图进行尺寸标注和填写技术要求及标题栏。

6）检查、校核零件图。

6. 下模板的作用：直接或间接地安装冲模的所有零件，与工作台连接，传递压力。

7. 弹性卸料板作用：可将材料从凸模上卸下。

课题四　倒装式复合模的测绘与装配

一、填空题

1. 正装式；倒装式

2. 上模；下模

3. 闭合状态；冲孔、落料；模具复位；开模；移除产品；移除带料；合模

4. 过渡

5. 一致

6. 涂层法

二、判断题

1. ×　2. √　3. ×　4. ×　5. √　6. ×

三、简答题

1. 导柱；卸料螺钉；凸凹模；导料销；导套；内六角螺钉；内六角螺钉；模柄；冲孔凸模；内六角螺钉；固定挡料销；圆柱销；上模板；推件块弹簧；凹模；凹模固定板；产品制件；下模板

2. 该模具的工作过程：开模后，将条料沿导料销 5 送至固定挡料销 12 处进行条料定位，上、下模依靠导柱 1 和导套 6 进行合模冲裁。上模下行，推件块 16 先接触条料，推件块弹簧 15 受力压缩将条料压住。上模继续下行，冲孔凸模 10、凹模 18 和凸凹模 4 进行工作，进行冲孔和落料工序。冲孔后的废料沿凸凹模 4 的洞口依次推出，经下模板 22 和压力机台面上的孔依次漏下。上模推件块弹簧 15 弹力释放，推件块 16 不动，上模继续上移，推件块 16 将制件从冲孔凸模 10 和凹模 18 上刮下。同时，下模卸料弹簧 3 释放弹力，弹性卸料板 21 将箍在凸凹模 4 上的条料刮下来。模具打开，取出制件，准备下一次冲裁。

3. 该倒装式复合模的拆卸过程：

1）分模。用铜棒敲打下模座板四周，要求受力均匀，将上、下模侧分模。

2）拆卸上模。拆卸模柄，拆卸冲孔凸模，拆卸凹模固定板组件，拆卸推件块弹簧，拆卸凹模组件，拆卸推件块，拆卸凹模，拆卸凹模固定板，放置好上模板。

3）拆卸下模。拆卸卸料组件，拆卸卸料弹簧，放置好弹性卸料板，拆卸凸凹模，放置好下模板。

4. 该倒装式复合模的装配过程：

1）装配下模。放置好下模板，装配凸凹模，放置好弹性卸料板，装配卸料弹簧，装配卸料组件。

2）装配上模。放置好上模板，装配凹模固定板，装配凹模，装配推件块，装配凹模组件，装配推件块弹簧，装配凹模固定板组件，装配冲孔凸模，装配模柄。

3）合模。用铜棒敲打上模板四周，将模具上、下模合模，要求受力均匀。

5. 导料销的作用：用于控制条料宽度方向在模具中位置。

6. 定位零件及其作用：固定挡料销，其作用为控制板料的送进距离；导料销，其作用为控制条料宽度方向在模具中的位置。

7. 常见的方法有透光调整法、垫片法、测量法、涂层法和镀铜法。

单元三　模具安装与调试

课题一　典型注射模的安装与调试

一、填空题

1. 柱塞式注射机；螺杆式注射机

2. 角式注射机

3. 注射装置；合模部件；机身；液压系统；加热系统；冷却系统；控制系统；加料装置

4. 高；降低

5. 过短

二、判断题

1. ×　2. √　3. √　4. √　5. √　6. ×

三、简答题

1. 合模系统；模具；注射系统；机身

2. 注射机主要由注射装置、合模部件、液压系统、加热系统、冷却系统、控制系统及加料装置等组成。

3. 注射机的工作过程主要由合模过程，注射装置前进和射料过程，保压过程，冷却和预塑过程，注射装置退回、开模及制品顶出过程组成。

4. 塑件有变形是由于冷却时间不足、模具顶杆设计不当和注射速度过低等因素产生的。改进方法为增加冷却时间、改变顶杆位置和适当增加注射速度。

5. 塑件有毛边是由于注射压力过大或时间过长、模具内的塑料温度过高、模板平行度不够、模具接合面有污物、锁模力不够、模具密合度不够等因素产生的。

课题二 典型冲压模的安装与调试

一、填空题

1. 曲柄滑块；滑块的往复直线
2. 单动；双动
3. 曲柄压力机；摩擦压力机；高速压力机
4. 低
5. 宽；毛刺
6. 脱开；空转

二、判断题

1. √ 2. √ 3. × 4. √ 5. √ 6. √

三、简答题

1. 曲柄压力机由工作机构、传动系统、操作系统、能源系统、支承部件，以及辅助系统和附属装置组成。

2. 曲柄压力机的工作机构由曲轴、连杆、滑块、导轨组成，作用是将传动系统的旋转运动变换为滑块的往复直线运动，承受和传递工作压力，在滑块上安装模具上模。

3. 制件不平整是由于顶出杆与顶出器接触零件面积过小；凹模有倒锥。调整方法：更换顶出杆，加大与零件的接触面积；修整凹模。

参 考 文 献

[1] 邓万国. 塑料成型工艺与模具结构 [M]. 2版. 北京：电子工业出版社，2012.

[2] 肖爱民，沈春根. 塑料模具设计与制造完全自学手册 [M]. 北京：兵器工业出版社，北京希望电子出版社，2006.

[3] 刘晓芬. 模具拆装与模具制造项目式实训教程 [M]. 北京：电子工业出版社，2013.

[4] 翁其金. 塑料模塑工艺与塑料模设计 [M]. 2版. 北京：机械工业出版社，2012.

[5] 单岩，卜学军，张凌云. 模具拆装及成型实训 [M]. 杭州：浙江大学出版社，2014.

[6] 《塑料模设计手册》编写组. 塑料模设计手册 [M]. 3版. 北京：机械工业出版社，2002.

[7] 成百辆. 模具制造技能 [M]. 北京：清华大学出版社，2005.

[8] 卢小虎. 模具工入门 [M]. 合肥：安徽科学技术出版社，2005.